mangez!

Un livre
antirégime
prominceur
progourmandise

Catalogage avant publication de Bibliothèque et Archives Canada

Guevremont, Guylaine

Mangez : un livre antirégime, prominceur et progourmandise

Comprend des réf. bibliogr.

ISBN 2-923194-34-9

1. Perte de poids. 2. Régimes amaigrissants. 3. Appétit – Régulation.
I. Lortie, Marie-Claude. II. Titre.

RM222.2.G827 2006   613.2'5   C2006-941858-6

Président
André Provencher

Directeur de l'édition
Martin Rochette

Adjointe à l'édition
Martine Pelletier

Révision linguistique
Anik Charbonneau
Brigitte Fournier

Conception graphique
Ose Design

Infographie
Claude Baillargeon

Photos
Témoignages :
   Marc Archambault
Guylaine Guevremont :
   André Cornellier
Marie-Claude Lortie :
   Patrick Sansfaçon

Les Éditions

LA PRESSE

7, rue Saint-Jacques
Montréal (Québec) H2Y 1K9
1 800 361-7755

L'éditeur bénéficie du soutien de la
Société de développement des entreprises
culturelles du Québec (SODEC) pour son
programme d'édition et pour ses activités
de promotion.

L'éditeur remercie le gouvernement du
Québec de l'aide financière accordée à
l'édition de cet ouvrage par l'entremise
du Programme de crédit d'impôt pour
l'édition de livres, administré par la
SODEC.

Nous reconnaissons l'aide financière du
gouvernement du Canada par l'entremise
du Programme d'aide au développement
de l'industrie de l'édition (PADIÉ) pour
nos activités d'édition.

En plus des portraits des personnalités publiques que vous lirez dans ce livre, toutes les personnes interviewées et dont les paroles sont rapportées existent vraiment. Seuls leurs prénoms ont été changés pour des raisons de confidentialité. Nous les remercions d'avoir accepté de se confier. Aussi, nous tenons à rappeler à tous, notamment aux personnes dont la condition physique nécessite un traitement médical, qu'aucun livre ne peut remplacer l'avis d'un médecin.

Dépôt légal – Bibliothèque et
Archives nationales du Québec, 2006
Dépôt légal – Bibliothèque et
Archives Canada, 2006-09-28
4e trimestre 2006
ISBN 2-923194-34-9

Imprimé au Canada

Table des matières

*« On ne peut pas manger
seulement 1 000 calories
par jour et être heureux. »*

Nigella Lawson

mangez!

Bye bye, le poids des régimes

Tous les jours, dans le cadre de mon travail, je rencontre des femmes et des hommes qui désirent perdre du poids. Presque chaque fois, le récit de leur lutte contre les kilos en trop est empreint de désespoir et de souffrance.

La plupart de ces personnes croient que la perte de poids se résume nécessairement à deux mots : privation et contrôle. Ce sont des personnes courageuses qui arrivent dans mon bureau, après avoir été recommandées par leur médecin de famille. Leur désarroi est perceptible, mais leur volonté est extrêmement forte. Elles sont sûres qu'avec un peu d'aide et davantage de motivation, elles réussiront à maigrir en recommençant pour une énième fois une démarche basée essentiellement sur les restrictions.

Quand je leur dis qu'il est possible de perdre du poids sans privation, en réapprenant tout doucement à respecter ses signaux de faim et de satiété, plusieurs éclatent en sanglots. Comme si leur rêve (souvent abandonné) d'être un jour libérées à la fois de leur surpoids et de leur prison de restrictions alimentaires devenait enfin possible.

Souvent, ces personnes paniquent un peu au début du processus. Pas de listes d'aliments permis et interdits, pas de menus à suivre à la lettre, uniquement un grand vide et l'écoute de signaux, dont la plupart des personnes ignorent même l'existence. Voilà ce que je leur propose.

Et puis, petit à petit, je vois ces hommes et ces femmes ressentir à nouveau la faim, avec, au début, une drôle de sensation, comme si c'était quelque chose de bien, et d'agréable même, mais malgré tout d'un peu bizarre.

Puis, avec de plus en plus d'assurance, ces mêmes personnes recommencent à manger les aliments dont elles se privaient depuis toujours, par peur d'engraisser. Au début, elles profitent essentiellement de l'absence de culpabilité, un phénomène nouveau. Ensuite, elles finissent par manger de manière de plus en plus naturelle, selon leur désir du jour.

En maîtrisant de mieux en mieux les grands principes de cette approche, elles réapprennent, avec le temps, à manger essentiellement à leur faim. Et là, c'est l'extase : une perte de poids physique accompagne cette délivrance psychologique. Adieu restriction, culpabilité ET kilos! Et la perte pondérale se poursuit jusqu'à un arrêt naturel, sans que la moindre autre contrainte soit nécessaire pour le maintien à long terme de cette nouvelle taille.

Cette approche, je l'ai mise au point après mes études en nutrition, mais elle puise ses sources dans mon enfance et mon expérience personnelle.

Quand ma mère était enfant, elle était mince. Mais elle vient d'une famille nombreuse et a grandi à une époque où il était mal vu d'être filiforme. Pour faire taire les préjugés de l'époque selon lesquels un enfant mince n'était pas suffisamment nourri, ma mère a été gavée, durant toute son enfance, d'un mélange d'œuf cru, de vanille et de levure de bière. L'objectif, évidemment, était qu'elle soit bien en chair et ait l'air « en santé ».

Ma mère garde de cette époque un souvenir atroce, surtout que pour elle, la méthode a fonctionné : elle a pris du poids. En fait, elle en a pris, encore et encore...

C'est à cause de cette expérience que ma mère a décidé, quand elle a eu des enfants, que jamais elle ne les forcerait à terminer leur assiette et que jamais elle n'interviendrait dans l'écoute de leurs besoins alimentaires. J'ai donc passé mon enfance ainsi : j'avais faim, je mangeais; je n'avais plus faim, j'arrêtais. Et je pouvais toujours manger à mon rythme, sans la moindre pression pour terminer mon assiette...

Ma mère était loin de réaliser, à l'époque, le cadeau qu'elle me faisait. Et à quel point, un jour, on dirait de son gros bon sens qu'il est révolutionnaire!

C'est probablement à cause de mon histoire que, très rapidement, au cours de mes études en nutrition, j'ai commencé à me poser de profondes questions au sujet de la rigidité de certains concepts très répandus, notamment l'idée qu'on pouvait prédéterminer la grosseur des portions d'aliments prescrites à certains individus.

À ma sortie de l'université – et guidée par une base en counselling, acquise d'un premier baccalauréat en sexologie – j'ai commencé à mettre au point ma méthode personnelle. J'ai alors pris connaissance des travaux de la nutritionniste Lyne Mongeau, qui allaient dans le même sens que mes réflexions sur l'importance de la faim et de la satiété comme outils pour déterminer l'apport alimentaire adéquat de chaque individu. Savoir que je n'étais pas la seule à penser ainsi m'a grandement encouragée et a été déterminant dans la poursuite de ma pratique.

L'impact positif de cette approche antirégime sur les gens qui me consultent pour simplement réapprendre à manger est phénoménal, et c'est pour cette raison que je veux la partager.

Je ressens une profonde tristesse vis-à-vis de la souffrance réelle qu'éprouve la majorité des personnes aux prises avec un surplus de poids. La souffrance liée à leur embonpoint, mais aussi liée aux privations qu'elles s'imposent. Surtout que la méthode que j'emploie me prouve, jour après jour, que ces restrictions sont en fait inutiles, voire contre-productives.

Les statistiques nous démontrent que la population prend du poids. Mais dans mon bureau, ce ne sont pas des statistiques que je vois. Ce sont des personnes. Et ce n'est ni de la paresse ni une absence de volonté que je constate, mais un malentendu profond, entretenu par notre société, sur ce qui permet de perdre des kilos pour vrai, et pour toujours.

À trop mettre l'accent sur la santé et la minceur, on a oublié que manger est un acte naturel, qui est régi avant tout par la faim et la satiété, certes, mais également par le goût. On ne mange pas avec sa tête, mais bien avec son être tout entier. Est-il possible d'être mince et en santé tout en se faisant plaisir en mangeant?

C'est donc avec grand plaisir que j'ai accepté l'offre de Marie-Claude de partager avec vous cette approche du gros bon sens. J'espère que vous allez avoir autant de plaisir à nous lire qu'à réapprendre à manger ce qui vous plaît!

Guylaine Guevremont, Dt. P.
Nutritionniste-diététiste

mangez!

Pourquoi se priver?

Depuis que j'écris des critiques de restaurants dans *La Presse*, et cela fait maintenant quatre ans, on me pose régulièrement la même question : comment font les critiques de restaurants, comme vous, pour ne pas grossir?

Même si elle cache un compliment, cette question me rend toujours un peu triste. Elle sous-entend en effet que, pour bien des personnes, un repas au restaurant n'est pas un des moments les plus délicieux de la semaine, où l'on relaxe tout en se laissant servir des plats (on l'espère) exquis. Ce serait plutôt un moment de lutte contre les calories indésirables, un champ de bataille rempli d'embuscades tendues par une nourriture qui nous veut fondamentalement beaucoup de mal.

Dans notre monde étrange, il y a des tonnes de gens qui passent ainsi leur vie à être obsédés par les calories et autres paramètres tournant toujours autour du même sujet : grossir et maigrir.

À table, je vois une foule de gens qui se privent continuellement de tout ce qu'ils aiment vraiment. Combien de fois ai-je observé des gens refuser de manger du dessert (pourtant, pourquoi résister devant une glace pralinée?) tandis qu'ils en avaient clairement envie? Ou bien, choisir une salade alors qu'ils auraient préféré un steak-frites (car ensuite, ils pigent dans le plat de frites du voisin)?

Et c'est sans parler de ceux qui nous entretiennent sur leur menu hyperprotéiné ou sans glucides... De ceux qui dînent en dévorant un plat minceur congelé, accompagné de biscuits aux fibres, de yaourt à 0 % de matières grasses et d'un café avec du faux sucre.

La privation est partout

J'ai déjà vu des amies cuisiner des pâtes pour leurs invités, pour ensuite s'en priver. Certaines m'ont déjà sommée de cacher le chocolat que je venais de faire entrer dans leur maison. D'autres ne pouvaient tolérer la présence trop tentante d'une bouteille de jus de fruits dans leur frigo. On m'a déjà servi un souper composé uniquement de légumes avec du jus de citron, en proclamant que c'était « tellement meilleur comme ça ».

J'ai également vu des gens arrêter de manger de la nourriture « normale » pour ne plus s'alimenter que de poudres, de liquides et de tablettes de toutes sortes afin de perdre du poids. Avez-vous une idée de ce que ça goûte?

La plus cruelle ironie, dans tout cela, c'est que la plupart de ces personnes qui s'affolent devant le sucre, le gras, les glucides, les mauvaises combinaisons alimentaires et compagnie, ne perdent jamais les kilos si méprisés. Ou alors, elles les perdent, mais pour les reprendre ensuite. Et c'est ainsi depuis des années.

Et même si les résultats de leurs privations sont tout sauf concluants, ces personnes sont résignées, et elles poursuivent leur vie antisucre, antigras, anti-n'importe quoi. Croient-elles que c'est leur karma et qu'il est normal que leurs efforts ne donnent presque aucun résultat?

La plupart sont convaincues que si elles ne s'imposent pas cette discipline, elles auront encore plus de poids à perdre. Et elles justifient ainsi leur pénible chemin de croix alimentaire.

Souvent, en pensant à tout cela, je me désole pour tous ces artisans – producteurs, cuisiniers, épiciers, bouchers, pâtissiers, chocolatiers – que je rencontre, grâce à ma profession. Tous ces gens qui travaillent d'arrache-pied, ici et ailleurs, pour préserver et enrichir le patrimoine culinaire. Que peut faire une cochonnaille bio ou un clafoutis aux cerises contre un repas minceur industriel congelé ou une boisson sucrée diététique, lorsque la lutte contre les calories est l'unique préoccupation des gens?

Pas comme les autres

Un jour, une de mes amies – une antiglucides chevronnée – a découvert une nutritionniste qui venait de faire perdre près de 15 kilos à une de ses proches. « Cette nutritionniste, m'a-t-elle dit, s'appelle Guylaine Guevremont et n'est pas du tout comme les autres. Elle te dit de manger ce que tu veux, à condition de respecter ta faim. Donc, tu manges quand tu as faim, et tu arrêtes quand tu n'as plus faim. C'est tout. »

Et, avec un mélange d'optimisme (« Après tout, ça a marché pour d'autres! ») et de scepticisme (« Mais ça ne va sûrement pas marcher pour moi… »), elle s'est lancée dans cette aventure.

Et mon amie s'est mise à fondre. Petit à petit.

Au début, elle ne nous croyait pas quand nous lui disions qu'elle avait l'air de flotter dans ses vêtements. Surtout qu'elle s'était remise à manger toutes sortes de choses dont elle se privait depuis des années : un bout de carré au chocolat par-ci, un yaourt à l'érable par-là, et parfois même des *chips*! Imaginez, une antifriture comme elle!

Mais mon amie était bel et bien passée du *club-des-éternellement-au-régime* au *club-des-gourmands-qui-ont-du-plaisir-à-manger*.

En six mois, elle a perdu plus de 7 kilos. Et depuis, je crois que son poids a encore un peu réduit. Et elle mange toujours!

Cette expérience nous a donné l'idée de préparer un dossier sur la question dans le cahier Actuel Santé de *La Presse*. C'est à la suite du très grand intérêt manifesté par les lecteurs pour ce sujet que l'idée du livre et de la collaboration avec Guylaine est née.

Nous ne prétendons pas que toutes les personnes qui ont des kilos en trop obtiendront un corps digne des magazines en suivant l'approche que nous préconisons. (Si c'est un corps de magazine dont vous rêvez, il y a d'autres livres et d'autres thérapeutes à consulter à ce sujet, en commençant par un technicien photo qui vous initiera aux logiciels comme Photoshop...). Mais nous savons que cette approche vous permettra de vous débarrasser, petit à petit, des kilos en trop que vous traînez malgré tous vos efforts. L'objectif que nous visons, c'est votre poids génétique ou d'équilibre, qui est, fort probablement, quelque part dans la fameuse marge du « poids santé » que préconisent les médecins. Si vous êtes une personne qui traîne un gros surplus de poids, vous pourrez donc perdre davantage avant de vous stabiliser que si vous êtes déjà très près de votre poids « naturel ».

Mais, même si vous êtes déjà près de votre poids génétique, ce livre pourra vous aider aussi, car il explique qu'il est possible de conserver cette taille sans privations et sans aller au gym huit fois par semaine.

Le but de cet ouvrage n'est surtout pas de vous dire d'arrêter de manger santé et de ne plus faire d'exercice puisque ce n'est plus nécessaire pour perdre du poids. Ça n'a rien à voir. L'exercice demeure un choix santé fondamental. Quant à la nourriture saine, vous pourrez continuer de la choisir, de la même façon que d'autres continueront de manger kasher ou végétarien. Mais sachez que ce qu'on appelle dans le discours ambiant « manger santé » n'est pas synonyme de minceur. Contrairement à la croyance populaire, une portion trop grosse de thon grillé peut vous faire prendre du poids. Surtout si elle est suivie d'un gros bol de salade de fruits!

L'idée de lever les interdits est au centre de ce livre, notre but étant de vous faire réaliser que vos efforts seront vains et que vous ne perdrez jamais de poids à long terme si vous ne respectez pas vos goûts et votre gourmandise. Le fait de les nier ne mène nulle part. Ou plutôt, il mène à la frustration, qui sera suivie d'excès, puis de déprime, et d'autres excès encore...

C'est en renouant avec votre appétit et en cessant d'avoir peur de votre gourmandise que vous réaliserez comment il est possible à la fois de manger avec plaisir et d'être à un poids qui vous plaît.

Les régimes ont des aspects pénibles, que ce soit la sensation de faim exacerbée, le manque d'énergie et les interdits, sans oublier la culpabilité qui vient couronner le tout. Qui a envie de vivre cela? Surtout quand on sait que ce n'est pas nécessaire et que ça fait... grossir.

Si vous aimez la nourriture, vous avez le droit d'en profiter. Que ce soit des pâtes à la carbonara, des *brownies* maison, des jarrets de veau braisés ou un plat de risotto au vin rouge avec beaucoup, beaucoup de parmesan!

Bon appétit!
Marie-Claude Lortie

chapitre 1

Vive l'appétit
libre!

Avez-vous envie d'être mince?

Avez-vous envie d'être mince et de savoir que vous allez rester mince? Même si vous mangez des choses comme des desserts, du pain, du beurre, des pâtes, des frites, du fromage... Bref, des choses qui vous semblent totalement interdites parce que c'est « bien trop engraissant! »

Aimeriez-vous ça avoir la paix? Voudriez-vous monter sur le pèse-personne et constater que vous êtes toujours aussi mince qu'hier? Ou, mieux encore, ne plus avoir de pèse-personne, car la question ne se poserait même plus?

Dans ce monde idéal, vous ne seriez pas assailli par une crise de déprime juste avant de sortir parce que vos vêtements sont trop serrés et que vous n'avez plus rien à vous mettre, même si le placard est plein. Et, dans ce monde formidable, vous n'auriez plus à manger au petit-déjeuner ces céréales aux fibres, baignant dans du lait écrémé, que vous vous obligez actuellement à engloutir même si, tout au fond de vous, vous les trouvez franchement déplaisantes.

Scénario impossible? Pas nécessairement. Regardez autour de vous. Il y a toutes sortes d'hommes et de femmes de taille tout à fait normale qui ne s'en font pas avec la nourriture, qui mangent ce qu'ils veulent, que ce soit du saucisson ou des croissants, et qui restent minces.

Souvent, ces gens sont secrètement détestés des personnes ayant un surplus de poids. Elles les envient, se disent que ces gens minces sont trop chanceux, que ce n'est pas juste qu'ils aient la chance d'être ainsi et pas elles. Ils semblent libres comme l'air, insouciants...

Cependant, vous le constaterez en lisant les entrevues réalisées pour ce livre avec plusieurs personnes « minces naturelles », tout cela est le résultat de certains comportements alimentaires de base.

Les « minces naturels » mangent quand ils ont faim. Ils mangent ce qu'ils aiment et ne se privent jamais totalement des choses qu'ils apprécient particulièrement, que ce soit des frites ou du chocolat. Et comme ils détestent l'impression d'avoir trop mangé, ils arrêtent de se nourrir dès qu'ils se sentent rassasiés.

En quelques mots, ils écoutent leur signal de faim et leur sensation de satiété pour savoir quand manger et quand arrêter. En écoutant ainsi leur corps, instinctivement, ils mangent exactement ce dont ils ont besoin pour se maintenir au poids que la nature leur a choisi. Leur poids génétique.

La très bonne nouvelle, c'est que si vous commencez, vous aussi, à écouter attentivement votre signal de faim et votre sensation de satiété – comme l'a fait Guy Morali et toutes les personnes en perte de poids que nous avons aussi interviewées – vous pourrez atteindre vous aussi votre poids génétique ou d'équilibre[1] et tels les minces naturels, garder cette taille tout en mangeant sans restriction. Au chapitre cinq, nous vous expliquerons, concrètement, comment mettre les principes de cette approche en application.

Attention toutefois, votre poids génétique ne sera probablement pas celui de Paris Hilton ou de Brad Pitt! Ce sera plutôt un poids normal, celui que la nature a choisi pour vous.

Quel est ce poids? C'est le poids que choisit le corps quand il a cessé de craindre la famine. La famine? C'est ainsi que le corps perçoit les régimes et les restrictions qui lui sont infligées. Lorsqu'il est nourri régulièrement et de façon satisfaisante et adéquate, le corps cesse de craindre la famine et laisse aller les réserves de graisse qu'il gardait jalousement pour affronter le pire. Puis, à un moment, il s'arrête, au poids que la nature a choisi pour lui. C'est le poids génétique.

---

1. En lieu et place des notes de bas de page, consulter la bibliographie à la page 241.

Certaines personnes en sont déjà à un poids pratiquement égal à leur poids génétique, mais maintiennent ce poids à force de contrôle et de restrictions inutiles. L'approche antirégime proposée dans ce livre leur permettra de recommencer à manger librement.

D'autres personnes pèsent plus que leur poids génétique; elles le retrouveront graduellement en recommençant à écouter leur faim. Attention : les kilos ne s'envoleront pas à la vitesse de l'éclair. La perte sera lente et graduelle. Certaines personnes à qui nous avons parlé ont perdu du poids régulièrement (un demi-kilo par semaine), d'autres ont dû attendre quelques mois (trois mois, six mois, huit mois…) avant que le processus ne s'enclenche. Certains ont perdu sept kilos en six mois, d'autres huit kilos en deux ans ou encore 10 à 15 kilos en un an. Tout dépend des individus.

Mais ce sont les vraies graisses qui fondent doucement quand le corps a compris qu'il n'a plus à s'accrocher à ses réserves. Avec les régimes amaigrissants draconiens, le poids qui est perdu provient aussi des muscles et de l'eau que le corps contient.

Souvent, le poids génétique est tout simplement le poids de départ de la personne, la première fois qu'elle s'est embarquée dans le cycle fou des régimes qui l'a menée là où elle est, avec tous ces kilos en trop.

Simplicité libre

Mais le fait de renouer avec une alimentation axée sur la faim et la satiété n'aide pas seulement à perdre des kilos. Cette façon on ne peut plus naturelle de manger redonne aussi la liberté.

On peut accepter les invitations à manger chez des amis, on peut aller à des dîners d'affaires, on peut se payer un week-end de bonne bouffe avec les copines, sans problème. On peut partir en voyage et profiter des bonnes choses que l'on découvre sans craindre l'accumulation des kilos au retour. Manger à sa faim se fait dans toutes les situations.

Adieu, culpabilité. Adieu, comptabilité de calories. On n'a qu'à se poser deux questions : ai-je faim? ai-je assez mangé?

« On redevient comme des enfants », résume Thomas, 35 ans, qui a perdu huit kilos en neuf mois en suivant cette approche.

Obsession inutile

Pour le moment, l'appétit et ses signaux de faim et de satiété sont de grands oubliés de nos sociétés industrialisées, détraquées côté alimentation, qui produisent non seulement des gens souffrant d'embonpoint à divers degrés, mais également une foule de gens obsédés par les calories et une quête aussi vaine que douloureuse de la minceur.

Pourtant, manger devrait être l'activité la plus simple du monde. C'est primordial et incontournable pour notre survie. Manger est la première chose que fait un bébé en venant au monde. Dans les minutes qui suivent sa naissance, son instinct lui dit d'aller téter. Et il sait comment le faire. Et tous ceux qui ont côtoyé des petits bébés dans leur vie savent comment ils sont efficaces pour demander à manger (en pleurant à tue-tête), et comment ils arrêtent spontanément de manger, abandonnant doucement le sein, souvent pour s'endormir dans la plus grande sérénité, repus et comblés.

Manger fait partie de nos activités les plus essentielles. Et ce devrait être un plaisir. Mais l'humain a réussi à rendre cela très compliqué.

On calcule, on réfléchit, on s'interdit, on s'oblige, on met en opposition ses désirs et sa raison, on lit, on regarde et l'on s'abreuve d'information de partout pour suivre finalement les conseils des autres lorsque vient le temps de se nourrir.

Pourtant, la nature a doté chaque humain d'un outil instinctif pour régler son alimentation. Cet outil s'appelle « la faim ». La faim permet de mesurer avec une immense précision, au jour le jour, ce dont notre corps a besoin.

Car on n'a jamais les mêmes besoins, selon qu'on est en train de regarder la télé, de courir du bureau à la garderie, de faire les courses, de participer à une réunion de travail, ou de placoter au téléphone avec notre meilleure amie.

Sauf que dans notre univers moderne, on a oublié l'importance de la faim. Même qu'elle nous fait souvent peur. On trouve qu'elle nous pousse à trop manger et on aimerait qu'elle disparaisse. « J'écoutais la télé le soir et j'avais faim, je me disais alors : "Youpi, je suis en train de maigrir!" », raconte Josée, qui n'a jamais réussi à maigrir à long terme en faisant ainsi. Mais au moment où on lui a parlé, elle venait de perdre plus de quatre kilos en trois mois... en assouvissant sa faim plutôt qu'en la laissant gargouiller.

En réalité, la faim nous déroute, car elle nous empêche de manger exactement ce que notre tête, les livres, la télé et les régimes nous prescrivent, même si les livres et les régimes n'ont aucune idée des besoins précis de notre corps.

Certains détestent leur faim, la trouvent trop dérangeante. D'autres l'ignorent complètement.

Dans notre société, il est facile de ne pas écouter sa faim. On mange à des heures précises, de toute façon. On suit un horaire. Ou alors, on mange quand on peut : dans la voiture, entre deux rendez-vous, tard en revenant du bureau, dans l'avion, avant la séance d'entraînement de soccer des enfants. On mange parce que quelqu'un nous a préparé un repas et qu'on n'ose pas le refuser, parce qu'il y a quelque chose à manger qui nous plaît et qui se présente à nous. On mange parce qu'on a peur d'avoir faim plus tard.

On finit son assiette même si on n'a plus faim, parce qu'on ne veut pas gaspiller et qu'on nous a dit qu'il fallait toujours tout finir. Parfois, on mange parce qu'on ne veut pas faire de peine à la personne qui a préparé le plat. On mange par automatisme, parce que quelque chose traîne sur le comptoir. On mange par habitude : au cinéma, on s'achète un *pop-corn*, que l'on ait faim ou pas. Lorsqu'on assiste à un match de baseball, on prend un hot-dog ou des arachides sans même se demander si on a un creux. On porte la nourriture à sa bouche en pensant à autre chose. Devant un buffet, on choisit un peu de tout « parce que c'est là ».

On mange et on mange, sans se demander si, au fond, on a faim. Ou alors, on mange parce que, à force de nier la faim, on est devenu affamé. À ce moment-là, on engloutit tout, très vite. On ne sait plus quand arrêter. On mange directement dans le pot. Sur le comptoir. On ne prend pas la peine de s'asseoir à table. On se remplit. « Je pouvais manger deux *t-bones*. Ou alors six beignes et deux verres de lait. Sans problème », lance Jean-Pierre, 64 ans, qui a perdu 16 kilos en huit mois, soit un demi-kilo par semaine, depuis qu'il écoute sa faim.

Bref, on n'a aucune idée si les quantités de nourriture qu'on ingurgite sont celles qui nous conviennent. Et on ne porte aucune attention au signal de satiété, de rassasiement, qui est là pour nous signaler que l'on a assez mangé et que c'est le temps d'arrêter.

À mille lieues de la mission que la nature a confiée à la faim et à l'appétit, l'acte de manger devient aussi un acte de réconfort, de plaisir immédiat. On mange parce qu'on a des émotions de toutes sortes qui nous dérangent et qu'on croit calmer en absorbant un peu de satisfaction. Le concept est rendu tellement fréquent et courant qu'il est presque sanctionné maintenant par la culture populaire. On ne compte plus les émissions de télévision, les publicités ou les romans dans lesquels des personnages avalent des litres de crème glacée pour oublier leur déprime.

« Adolescent, je n'avais pas de succès avec les filles. Le samedi, après ma journée de travail au Steinberg, j'allais garder des enfants et je me commandais une pizza de format moyen, que je mangeais en entier. Je dévorais ma colère, ma tristesse, mon ennui », raconte Frank, qui a perdu 32 kilos en deux ans en écoutant ses signaux de faim et de satiété.

Le but de ce livre est de vous réapprendre à redonner la place centrale qui revient, dans votre alimentation, au signal de faim et à la sensation de satiété. Bref, l'objectif est de vous rebrancher sur le concept que les chercheurs appellent « l'autorégulation de la prise alimentaire », ou, en d'autres mots, la capacité de chacun de savoir et de choisir instinctivement et précisément ce dont il a besoin comme nourriture.

Les recherches scientifiques sont claires : les régimes amaigrissants ne fonctionnent pas à long terme. La proportion de gens qui réussissent ainsi à perdre les kilos en trop pour de bon est minime. Comme société aux prises avec des problèmes croissants d'embonpoint et d'obésité, deux maux qui risquent de mettre énormément de pression à moyen et à long terme sur nos ressources en santé, on se doit de se poser de sérieuses questions sur les méthodes réellement efficaces pour perdre du poids et ne pas le reprendre.

Cette approche, basée sur le respect de la faim et la satiété, n'est pas unique, ne date pas d'hier et est appuyée par les travaux de nombreux chercheurs et cliniciens en psychologie, en nutrition, en médecine et en santé publique, notamment.

Une des premières à dénoncer les effets psychologiques et physiologiques néfastes des régimes fut la psychanalyste britannique

Susie Orbach, qui a publié en 1978 un best-seller intitulé *Fat Is a Feminist Issue*. Dès lors, l'idée était lancée.

Au Québec, dans les années 80, un groupe aujourd'hui appelé « Équilibre » a commencé à travailler avec une telle approche pour aider à prévenir et à diminuer les problèmes de poids.

En France, deux médecins et nutritionnistes, le Dr Jean-Philippe Zamati et le Dr Gérard Apfeldorfer[2-3], travaillent aussi en ce sens depuis déjà plusieurs années. Ils en sont venus aux conclusions que non seulement les régimes amaigrissants et autres diètes alimentaires remplies de privation et de principes supposément santé et minceur ne fonctionnent pas à long terme, mais ils contribuent plutôt à la prise de poids et au détraquage complet de notre alimentation.

Aux États-Unis, des chercheurs travaillent sur cette approche depuis les années 70, mais elle est revenue à l'avant-plan récemment, maintenant que l'épidémie d'obésité est particulièrement criante. Même le public commence à douter des approches traditionnelles des régimes amaigrissants[4]. Et le manichéisme alimentaire selon lequel il y a des aliments engraissants et des aliments « non engraissants » est montré du doigt par les défenseurs d'un nouveau concept appelé « alimentation intuitive », qui s'inquiètent notamment du rôle de béquille émotive que joue la nourriture dans l'alimentation[5].

Et plutôt que de continuer à s'inquiéter du contenu en sucre ou en gras des aliments que les Américains mangent, certains chercheurs se penchent maintenant sur la quantité de nourriture qu'ils ingurgitent et sur la manière dont ils mangent, afin de voir si ce ne sont pas plutôt les portions gigantesques et la détérioration des rituels de la table qui seraient derrière le grossissement général de la population[6].

L'approche antirégime n'en est encore qu'à ses débuts, et ses effets à grande échelle, sur la population, n'ont pas été à ce jour pleinement mesurés. Toutefois, les recherches débutent. Un des pionniers dans ce secteur aux États-Unis est Steve Hawks, un chercheur en santé communautaire de la Brigham Young University, dans l'Utah, qui a lui-même perdu une ving-taine de kilos – et sa femme, 18 kilos –, il y a cinq ans, grâce à l'approche « intuitive ». Il a piloté plusieurs études sur la question et, notamment, une recherche effectuée auprès de 24 personnes ayant décidé de choisir de se laisser guider par leur faim et leur sensation de satiété. Les résultats, qui ont été publiés dans le *American Journal of Health and Education* en novembre 2005, ont démontré que cette façon de manger per-mettait de diminuer l'indice de masse corporelle des sujets et d'améliorer plusieurs indicateurs associés au risque de mala-dies cardiovasculaires[7].

Et c'est sans parler de tous ces gens qui ne font pas partie des statistiques et que Guylaine voit chaque jour dans son bureau et qui perdent kilo après kilo en suivant cette approche.

Bref, le temps est venu de mettre de côté les régimes, les restric-tions, les interdits, la privation et la frustration, et de manger enfin sereinement, modérément, intelligemment. Et il est aussi temps de recommencer à avoir réellement du plaisir à cuisiner de bons mets savoureux. Et d'en manger en toute liberté.

EN RÉSUMÉ

- Notre appétit n'est pas notre ennemi. Au contraire, c'est un guide vers la minceur.
- La nature nous a donné la faim et la satiété pour mesurer ce dont notre corps a besoin et ce qu'il faut manger. Nous devons les respecter et les écouter.
- Les chercheurs s'accordent de plus en plus pour dire que l'autorégulation naturelle est la méthode la plus saine et la plus durable pour perdre du poids à long terme.

chapitre **2** Ces régimes

qui font grossir

Nous sommes toutes des Bridget Jones...

Il y a des millions de personnes dans le monde qui, tout comme l'héroïne des romans de Helen Fielding, se pèsent tous les matins pour savoir si elles ont raison d'être de bonne humeur, ou si, au contraire, elles viennent encore de perdre une journée dans la grande lutte de leur vie contre les kilos et les calories.

Vous reconnaissez-vous?

Le rituel de la Bridget Jones est typique. Avez-vous le même? Vous vous levez le matin et allez tout de suite à la toilette afin d'être le plus léger possible pour la pesée. Puis, vous enlevez tous vos vêtements. Vous montez sur le pèse-personne et vous attendez. Vous y montez une seconde fois, pour confirmer la première.

Parfois, le résultat ne vous plaît pas, ou, au contraire, il vous surprend positivement. Mais vous vérifiez malgré tout si l'aiguille est partie du bon point de départ. Vous jouez un peu avec la roulette pour ajuster le tout. Vous y remontez. Vous espérez... Vous enlevez vos boucles d'oreilles, vos bagues...

« Je me suis pesée de toutes les façons, raconte Nathalie. Toute nue, avec mes chaussettes, avec ou sans ma montre, après ou avant d'avoir fait pipi... »

Si vous avez perdu du poids, c'est le bonheur.

Si vous en avez pris, vous avez le moral à terre. Vous vous trouvez nul. Vous êtes découragé. Et vous repartez, plus ou moins motivé, pour une autre journée remplie d'objectifs personnels, familiaux, professionnels...

Et sur la quantité de choses à faire dans la journée, vous ne manquez jamais d'inscrire dans votre tête, tout en haut de la liste : perdre du poids.

Et c'est ainsi jour après jour, après jour, après jour...

Si vous vous reconnaissez, il y a de bonnes chances que le matin, vous arriviez dans la cuisine pour le petit-déjeuner, décidé à manger le moins de calories possible. Vous choisirez, disons, du pain fibreux à souhait, garni de fromage écrémé. Un fruit pourra accompagner le tout, ainsi qu'un café avec du faux sucre et du lait 0 %.

Une tranche de pain de campagne avec du beurre et de la confiture d'abricot? Une crêpe avec du sirop d'érable? Non! Interdit. La guerre contre les calories ne tolère pas de tels aliments. Et puis, vous vous sentez mieux, mentalement surtout, quand vous mangez des céréales multigrains sans sucre ou un morceau de fromage à 0 % de matières grasses sur des galettes de riz. Vous vous sentez gagnant. Vous êtes persuadé d'avoir pris le contrôle de la situation!

Si vous êtes comme notre personnage, un adepte du pèse-personne, vous vous dites que manger « léger », c'est manger « santé » et que c'est LA bonne façon de se nourrir en ce millénaire. Vous êtes peut-être même convaincu que ça goûte meilleur.

Et tous ceux qui mangent autrement, direz-vous, ne peuvent qu'être en direction d'une prise de poids, voire de l'obésité, des maladies cardiovasculaires, du cancer du colon et combien d'autres maux. Les minces naturels qui mangent tout ce qu'ils veulent? Ça ne peut qu'être des anomalies de la nature, des exceptions. Surtout pas des modèles à suivre.

Pour les gens qui suivent une « discipline » alimentaire rigoureuse, il est difficile d'imaginer qu'on puisse abandonner cette voie très stricte tout en continuant à manger fruits et légumes et autres produits dits sains... Il est difficile d'imaginer que, laissé en totale liberté, un individu puisse se nourrir par choix de salades et de poisson. En d'autres mots, pour les gens qui s'infligent des restrictions permanentes, ces contraintes sont essentielles pour baliser l'alimentation.

Les personnes du type Bridget Jones sont donc convaincues d'être sur la bonne voie et se disent que tout ce qui leur manque, dans le fond, c'est un peu de volonté et de rigueur pour respecter le plan.

À midi, le rituel sera donc semblable. Au restaurant, les Bridget Jones choisiront le plat le moins riche. Avec de la salade plutôt que des pâtes, et la vinaigrette à côté, s'il vous plaît. Et elles se diront que les légumes verts, même s'ils sont trois fois trop cuits, sont absolument meilleurs au goût que le riz sauté ou du pain avec du beurre.

« Avec mes amies, nous allions toujours dîner au même casse-croûte, raconte Nathalie. Et le monsieur derrière le comptoir nous reconnaissait et nous lançait à la blague : "Pas de patates, pas de riz, pas de pâtes." Mais parfois, il nous mettait tout de même du pain dans notre assiette. Et nous criions comme des folles : "Non, non, non, pas de pain!" »

Vous vous reconnaissez? Rassurez-vous, vous n'êtes pas seul!

Lancés à corps perdu dans la croisade antigras, anticalories, antihydrates de carbone et *tutti quanti*, plusieurs vivent une vie de perpétuel régime. La nourriture y est une tentation continue, un plaisir qui tend des embuscades constantes sur le chemin de la minceur. Selon le régime choisi, le gras, les glucides ou certaines combinaisons alimentaires deviennent des choses monstrueuses, viles. C'est la guerre...

Si on poursuit le déroulement de la journée typique de notre personnage qui veut perdre du poids ou qui se « surveille », on peut ajouter quelque part une petite séance d'exercice, dont le but ne sera pas de s'amuser, mais bien de brûler des calories. « C'était complètement fou. Mon entraîneuse me faisait faire 35 minutes de cardio, une heure de musculation. Et mon poids ne changeait pas. Mais comme je faisais plein d'exercice, je me disais qu'après, je pouvais manger. Et évidemment, je le constate aujourd'hui, je mangeais plus qu'à ma faim », raconte Louise.

Cette séance donnera peut-être la « permission » à notre Bridget Jones de prendre une collation en après-midi. Mais si vous êtes comme elle, vous hésiterez. Vous vous direz qu'il ne faut pas manger entre les repas quand on veut maigrir. Rien d'étonnant alors que vous vous retrouviez complètement exténué à 17 h au moment d'aller chercher les enfants à la garderie ou de rejoindre un ami pour une activité … « Je manquais tellement d'énergie l'après-midi que j'avais même souvent des étourdissements et un sentiment de faiblesse générale qui m'empêchait de bien travailler », confie Nathalie, en parlant des années où elle se privait totalement de glucides en espérant perdre du poids.

Rien d'étonnant non plus, qu'en arrivant affamé à la maison après vous être privé durant toute la journée, vous vous jetiez sur la nourriture. Parfois, ce sera inconsciemment, en grignotant continuellement, par exemple, pendant la préparation du repas. Ou alors, ce sera consciemment, mais avec une tonne de culpabilité. Vous engloutirez un sac de *chips* qu'une autre personne aura entamé, fâché, en silence, qu'on ait fait entrer dans la maison ce genre d'aliment. Ou encore, vous mangerez, debout, un plat directement sorti du frigo, même pas réchauffé, même pas servi dans une assiette… Et après, bonjour la culpabilité!

Le soir, devant la télévision, la tentation vient toujours assaillir les Bridget Jones de ce monde et leur fait manger du chocolat, des biscuits, la fin d'un gâteau laissé sur le comptoir… Et chaque fois, la soirée se termine sur un sentiment de lassitude. La guerre est perdue. Elles se sentent comme d'éternelles perdantes. Elles se disent que tout est à recommencer et elles vont se coucher la mine basse, à peine allumées par la possibilité qu'un jour, elles finiront par gagner.

Le rituel de la Bridget Jones ne donne rien

Parmi les millions de gens qui, pour perdre du poids ou pour ne pas en prendre, se privent ainsi au quotidien, la plupart craquent à répétition. Jour après jour, après jour...

De temps à autre – généralement après Noël, ou sinon au printemps, comme les magazines le suggèrent – ces gens affrontent le problème et se lancent corps et âme dans un régime amaigrissant structuré.

Ils choisissent alors un programme précis pour lequel il faut couper le gras, le sucre, éviter certaines combinaisons alimentaires et en favoriser d'autres, mesurer les quantités au gramme près, manger ceci et pas cela, peu importe s'ils aiment ou pas.

Souvent, ces régimes leur permettent effectivement de perdre du poids et d'être moins lourds lorsqu'ils montent sur le pèse-personne. Mais pour combien de temps?

Certaines études démontrent que 90 % des régimes sont suivis d'une reprise de poids, souvent supérieure au poids perdu initialement[1-2] On connaît tous quelqu'un à qui c'est arrivé : « À un moment, j'ai essayé de faire un régime, confie Frank, un ex-obèse. J'ai perdu 5 kilos et j'en ai repris 15. »

« Les régimes, je les ai tous faits, lance Jean-Pierre. Vous ne pouvez pas en nommer que je n'ai pas essayé. J'ai perdu 9 ou 10 kilos souvent. Mais je les ai toujours tous repris. »

Le scénario typique

Et que dire du 10 % pour qui ça a fonctionné et dont tous rêvent de faire partie?

En fait, la plupart de ces gens restent au régime toute leur vie. Ils sont constamment en train de se priver de dessert, de vin, de pâtes, de pain, et ne s'accordent aucune permission. Si, par malheur, ils reprennent quelques kilos, c'est le retour aux strictes privations du régime amaigrissant sévère.

Rares sont ceux qui reviennent à l'insouciance de leur enfance ou des minces naturels. Pour maintenir leur poids, ils doivent poursuivre à jamais les mêmes restrictions.

Régimes : le début de la faim

Et si les régimes amaigrissants créaient plus de problèmes qu'ils n'en règlent?

D'abord, rendons à César ce qui est à César. Ces régimes permettent effectivement, dans bien des cas, de « faire fondre les kilos », comme le disent les publicités. On peut tout à fait diminuer son poids sur le pèse-personne, de façon relativement rapide (mais plus on fait de régimes, moins on perd du poids rapidement), en se privant de nourriture. Mais perd-on alors de vrais kilos de gras, ou surtout de l'eau? Et pour combien de temps? Et peut-on ensuite manger « normalement »? C'est là que les régimes démontrent toutes leurs faiblesses.

Qu'est-ce qu'un régime? Le *Petit Robert* appelle *régime* « une conduite à suivre en matière d'hygiène ou de nourriture. » Dès qu'on décide de se donner des règles rationnelles pour gérer son alimentation, on est donc au régime. La plupart du temps, les gens disent « régime » pour parler d'un régime minceur, mais il y a aussi des régimes anticholestérol et d'autres pour lutter contre le diabète ou l'hypertension, par exemple. Même suivre consciemment le Guide alimentaire canadien est une forme de régime.

Les régimes minceur, ceux dont on parle dans le présent chapitre, entrent pour la plupart dans deux grandes catégories. Il y a ceux qui dictent de grands principes à suivre pour choisir les aliments afin de diminuer le nombre de calories ingurgitées durant une journée. Et il y a ceux qui proposent carrément des menus précis pour chaque jour.

L'objectif est cependant toujours le même : diminuer la quantité de calories consommées. Car peu importe comment ils sont conçus, présentés, articulés ou expliqués, et peu importe la liberté qu'ils offrent, les régimes amaigrissants fonctionnent tous avec le même principe de base : pour perdre du poids, il faut manger le moins de calories possible afin que le corps aille puiser dans ses réserves pour fonctionner.

Certains régimes proposent de limiter des groupes d'aliments en particulier, comme les gras ou alors les glucides, mieux connus par les temps qui courent sous le nom d'« hydrates de carbone ». Certains régimes, moins connus, encouragent une consommation concentrée d'aliments tels que les oignons ou les bananes. Peu importe. L'idée est de manger moins de calories. Une Américaine a même conçu un régime à base d'aliments de chez McDonald[3] – en réponse au film *Supersize Me* – et elle a réussi à perdre du poids. Cela peut paraître insensé et néfaste, mais c'est explicable. On peut maigrir en mangeant exclusivement des frites par exemple (ou des salades) de McDonald. Évidemment, n'importe qui se lasserait de manger des frites à longueur de journée, sans oublier que la variété de l'alimentation est essentielle pour aller chercher tous les nutriments dont le corps a besoin, mais théoriquement, c'est faisable. Il suffit que le corps dépense les calories en question.

Bien souvent, les régimes balisent peu les aliments permis en plus de sanctionner leur consommation à volonté.

« Le soir, en revenant du bureau, j'étais capable de passer à travers la moitié d'un camembert et d'une bouteille de vin rouge. C'était de toute évidence beaucoup trop, mais dans ma tête, c'était correct, car mon régime me le permettait. Mon régime me disait que tant que je ne mangeais pas de pain, il n'y avait pas de problème », raconte Nathalie, qui a traîné pendant une dizaine d'années un surplus de 10 kilos, en suivant ainsi ce « régime ». Et elle ne comprenait pas pourquoi elle ne maigrissait pas. Elle pensait que c'était une question de volonté...

On peut même engraisser en mangeant ce qu'on appelle (à tort) « des aliments minceur », comme les légumes, les fruits et les protéines maigres... Il suffit d'en manger trop pour ses besoins.

Et ceci peut précisément se produire lorsqu'on est au régime, pour deux raisons principales. La première, parce qu'on a tendance à se vautrer dans les aliments permis, puisque c'est tout ce qui est permis. Et la seconde, parce que le métabolisme, s'il est privé de nourriture, comme c'est le cas lors des régimes sévères, aura tendance à ralentir, se croyant sur le point d'être victime d'une famine[4].

En d'autres mots, si on se prive rigoureusement durant toute la journée, même le souper composé de poisson poché avec choux de Bruxelles pourrait nous faire grossir, le corps s'accrochant à chaque calorie, comme si elles étaient les dernières avalées avant longtemps.

Car le corps et sa machine à brûler des calories, le métabolisme, n'aiment pas être privés d'énergie. Ça les inquiète. C'est pour cela que les régimes engendrent des cycles de perte de poids suivis de reprises pondérales, qui mènent à long terme à une prise de poids globale[5,6]. Comme le dit Josée : « Je ne me rappelle plus combien de régimes j'ai suivis pour être, au bout du compte, encore plus grosse qu'au départ. »

Les privations font grossir

Pourquoi les régimes finissent-ils par faire grossir?

D'abord, pour des raisons psychologiques, parce que la privation, à la longue, est frustrante et pousse à manger certains aliments de façon excessive et incontrôlée[7,8,9].

Les recherches scientifiques sont formelles, et notre expérience personnelle le prouve aussi tous les jours. Le constat est facile : la privation engendre la frustration, ainsi que des besoins exagérés et irrationnels. Ce qui fait que lorsqu'on craque, on mange beaucoup trop de ces aliments interdits et riches en calories.

Cette conséquence n'est pas réservée exclusivement aux gens sans volonté et soi-disant sans maîtrise d'eux-mêmes. Il est normal de vouloir manger des choses qu'on aime. Lorsqu'on en est privé pendant un certain temps, on en rêve et cela devient une obsession.

« Ils me faisaient manger du poisson mouillé au jus de tomate cinq fois par semaine, avec des feuilles de betteraves, lance Jean-Pierre. Je perdais des kilos, mais j'avais envie de tuer tout le monde. Que voulez-vous, il faut que je mange du sucre! Un jour, je suis sorti du centre de régime après avoir appris que j'avais perdu six kilos. Savez-vous ce que j'ai fait? Je suis allé m'acheter deux Oh! Henry. Pas une. Deux. »

Les privations sont tellement repoussantes pour certaines personnes que la simple idée de devoir abandonner des aliments qu'elles aiment les bloque complètement dans toute démarche d'amaigrissement. En d'autres mots, le concept même de la privation, en théorie, les encourage à conserver les habitudes qui les font grossir[10,11].

Bernard, par exemple, qui adore les *chips*, n'a jamais essayé de perdre du poids avant d'entreprendre cette approche antiré-gime. Et pourtant, il savait qu'il avait des kilos en trop : « Je n'aurais jamais adhéré à un régime qui m'aurait empêché de manger des *chips*. Quand même! Il faut se respecter. »

Le corps déteste les régimes

Les régimes qui déclenchent une perte de poids en limitant les calories n'ont pas qu'un impact psychologique, ils ont aussi un impact physiologique.

Une perte de poids déclenchée par une réduction importante de la consommation de calories s'accompagne inévitablement d'une baisse du métabolisme de base. Pour survivre à ce qu'il perçoit comme un signe avant-coureur de disette, le corps s'accroche à ses réserves de graisse et diminue sa dépense énergétique. Bref, il se défend. Toute diminution d'apport en nourriture donnant au corps l'impression d'être agressé par une famine déclenchera cette réaction de protection.

Voici, de façon hyper simplifiée, ce qui se produit :

- le régime diminue l'arrivée de calories de façon trop importante;
- privé de son énergie habituelle, le corps se met en mode famine : il ralentit son rythme et protège ses réserves, dont celles de graisse;
- pour obtenir de l'énergie, il puise dans les réserves des muscles et fait alors d'une pierre deux coups : en soutirant de l'énergie aux muscles, il les amenuise, et ceux-ci, par conséquent, dépensent moins d'énergie, même au repos.
- quand le régime est fini, le corps veut refaire ses réserves au plus vite. Il ne repart pas le métabolisme à pleine vitesse. Il a eu sa leçon. Il a peur de l'avenir.

Qu'est-ce que le métabolisme?

Le métabolisme est un concept difficile à comprendre, mais qui est pourtant très simple. C'est le mot qu'on utilise pour parler de l'ensemble de la consommation d'énergie du corps. Il s'agit donc de la consommation d'énergie nécessaire au bon fonctionnement de tout le corps.

Vive les calories!

L'énergie dépensée par le métabolisme se mesure en calories.

Aujourd'hui, ce mot a une connotation négative, mais la calorie n'a rien de négatif. C'est une unité de mesure énergétique! Nos muscles en ont besoin pour nous faire bouger, pour faire battre notre cœur.

Pour fonctionner adéquatement, le cerveau, à lui seul, en a besoin de 500 par jour[12]. Et il ne consomme que du sucre, le reste ne l'intéresse pas. Alors si vous suivez une diète de 1 000 calories, il vous en restera 500 pour assurer le fonctionnement du cœur, des reins, de la pression sanguine, des systèmes hormonal et immunitaire et pour vous garder en mouvement et actif physiquement. Pensez-vous vraiment que c'est réaliste?

Pour bien faire vos journées, avec toute l'énergie nécessaire, vous devez manger. Bref, pour brûler des calories, il vous faut consommer des calories! Dans le cas contraire, votre corps s'ajustera et cherchera à ne pas brûler ces trop rares calories dont il a absolument besoin.

Comment le corps se défend-il?

Voici, de façon plus imagée, les solutions que met en place le corps en réaction aux régimes pour réussir à faire son travail et à se protéger. Et comment tout cela finit par nous faire grossir.

Bien des femmes ont suivi leur premier régime durant l'adolescence, au moment des grands changements morphologiques, et elles s'y remettent bien souvent à la suite d'une grossesse. Sinon, hommes et femmes confondus s'y appliquent après avoir cessé de fumer, après avoir réalisé que de petites restrictions à gauche et à droite ne permettaient plus de perdre les kilos en trop.

Dans tous les cas, tant que le corps n'a pas été soumis à un régime, il ne se soucie pas d'un éventuel manque de nourriture. L'énergie entre quand il le demande, et tout va pour le mieux dans le meilleur des mondes.

Mais, une bonne journée, il envoie le signal habituel de faim et rien ne se passe. On ne lui fournit pas la moindre énergie. Le corps est patient et continue d'envoyer le signal, plus fort toutefois, pour s'assurer d'être entendu. Mais la personne au régime refuse de lui obéir et ne le nourrit pas.

Que fait alors le corps? Il s'inquiète. Il sait, parce qu'il est programmé ainsi depuis des siècles, qu'il doit craindre les famines. Il met donc en marche ses mécanismes de protection antidisettes et vérifie ses réserves d'énergie : il en a un peu. Deux jours de réserve de sucre dans le foie, donc le cerveau peut tenir. Il y a un peu de réserve de gras en surplus. C'est bon. Mais il faut déjà penser à couper les dépenses d'énergie qui ne sont pas essentielles.

Pour recevoir le plus d'énergie possible, le corps envoie un signal de faim extrêmement intense. Il veut que la personne mange tout ce qu'elle peut. Mais la personne au régime s'en fiche. Même le signal de satiété serait inutile, la nourriture ne lui étant plus fournie.

Le corps s'inquiète alors de plus belle. Il doit couper dans la dépense énergétique dès maintenant, car il compte déjà moins de provisions d'énergie que de tâches à accomplir. À contrecœur, il se met à piger dans ses réserves et cherche toujours à diminuer les dépenses.

Il puise alors dans les muscles et les réduit. Ainsi, ils consomment moins d'énergie. Les muscles mettent aussi à profit leur énergie et leurs protéines pour que le corps produise des hormones et maintienne son système immunitaire fonctionnel. Les muscles se dégradent de plus en plus, tout en demandant de moins en moins à être nourris. La personne au régime constate à ce moment que son corps est moins lourd sur le pèse-personne. Voilà qui est normal, puisque les muscles ont fondu.

Le corps, lui, est fier d'avoir réussi à gérer la situation et à reprendre le dessus sans utiliser toutes ses réserves de graisse. Il a coupé partout où il pouvait. Grâce à sa mémoire des famines, il s'est mis hors de danger et a trouvé une façon de ne pas dépenser davantage d'énergie que ce qu'il reçoit. La situation est stable. C'est ce qu'on appelle « un plateau ». Plus rien ne bouge.

Pour que le corps en arrive là, quelques muscles ont été sacrifiés, des hormones n'ont probablement pas été fabriquées, et une bronchite ou un rhume s'est installé en raison de l'affaiblissement du système immunitaire. Quant à l'humeur et à la concentration, deux éléments non essentiels à la survie, elles ont peut-être été un peu malmenées... Mais bon, le corps survit.

Parfois, le corps n'envoie plus réellement les signaux de faim, à quoi bon? Il maintient toutefois ses fonctions vitales actives et attend patiemment la fin de la famine.

Soudainement, il encaisse un autre coup. La personne au régime redouble d'ardeur pour se sortir de ce « plateau ». Elle lui coupe encore l'énergie. Le corps doit sans délai s'ajuster à nouveau et couper, couper, couper. Il pige un peu dans la réserve de gras, mais comme il est inquiet, il ne veut pas trop y toucher. Il diminue la fabrication de nouvelles cellules : les ongles et les cheveux poussent moins vite, tandis que les cellules de la peau ne se renouvellent pas au rythme normal, et le teint s'en trouve donc moins radieux. Une fois de plus, le corps puise dans ses muscles. Et puis, victoire! La dépense est encore stabilisée.

Et ce scénario se poursuit jusqu'au moment où la personne au régime décide que la famine est terminée. Soulagement...

Mais le corps décide-t-il de redémarrer la machine à fond, puisque, enfin, on le nourrit? Pas du tout. Il maintient son rythme ralenti afin de refaire sa réserve adipeuse. C'est grâce à elle s'il a pu survivre et que sa vie n'a pas été sérieusement menacée. Il s'en souvient. Il profite aussi de la réaction psychologique à la levée des privations : l'excès. Et il refait son poids. Le corps est rassuré!

La fois suivante, lorsque la personne décide d'imposer un tel régime-famine à son corps, celui-ci saura de quel bois se chauffer. Après tout, il aura le processus fraîchement en mémoire et pourra réagir adéquatement pour tout bloquer et se protéger.

Voilà pourquoi chaque perte de poids est plus lente et chaque reprise toujours plus rapide. C'est le fameux phénomène du yo-yo ou de la montagne russe, celui qui fait perdre du poids et en reprendre encore plus.

Certaines personnes croient qu'il est de plus en plus difficile de maigrir en vieillissant. En réalité, il est de plus en plus difficile de maigrir à force de suivre des régimes.

Cette situation se compare à celle d'un pigiste ou d'un travailleur autonome qui recevrait à nouveau des chèques substantiels après avoir traversé une période de vaches maigres qui l'a obligé à réduire considérablement son mode de vie et ses dépenses. Va-t-il tout flamber tout de suite? La première fois, peut-être que oui. Mais si le phénomène de pénurie se reproduit, il va devenir plus vigilant. Il aura appris à protéger ses réserves et à limiter ses dépenses. Il en est de même pour le corps.

La première fois qu'on fait un régime, le corps va laisser aller les kilos. Mais par la suite, il devient de plus en plus aguerri.

Il apprend à diminuer la quantité d'énergie qu'il dépense de façon permanente, dans le but de toujours être prêt. Résultat : un métabolisme toujours plus lent.

Voilà pourquoi bien des gens ont l'impression qu'à force de faire des régimes, le moindre aliment les fait engraisser. Pendant ce temps, les minces naturels continuent de manger ce qu'ils veulent, sans se préoccuper de quoi que ce soit.

LE MOT DE

MARIE-CLAUDE

J'ai été marquée par une entrevue que j'ai vue à la télé, il y a de cela quelques années. On y entendait une Américaine très obèse expliquer comment elle en était arrivée là. Elle avait résumé le tout d'une façon simple et percutante : « *I dieted my way to this weight.* » « Les régimes m'ont fait cheminer jusqu'à ce poids. » Son histoire était un enchaînement classique de régimes amaigrissants et de reprises de poids toujours plus importantes.

Qu'arrive-t-il quand on triche?

On observe de manière très claire les effets pervers des régimes amaigrissants hypocaloriques quand les gens « craquent ». Car, soyons réalistes, durant les semaines ou les mois que dure un régime, il arrive souvent que les gens dévient ou trichent pour un instant en mangeant des choses qui contiennent plus de calories que permis. Quelques biscuits, une frite...

De tels écarts restent rarement sans conséquence. Si la restriction alimentaire est forte et que les réserves en sucre dans les muscles sont à plat, dès que les gens montent sur le pèse-personne, le lendemain d'un moment de délinquance, ils remarquent une prise pondérale.

Est-ce la déprime et le sentiment généralisé d'avoir fait preuve d'une faiblesse impardonnable qui pèse si lourd? Comment est-il possible de prendre tant de poids, si vite?

En fait, les kilos qui réapparaissent rapidement au lendemain d'un écart sont principalement composés d'eau.

Voici ce qui se produit. Lorsqu'on mange, le corps emmagasine le sucre – nécessaire à sa survie – dans les muscles et le foie. Ce sucre est utilisé, par exemple, pour fournir de l'énergie lors d'un exercice physique. Habituellement, cette réserve demeure presque pleine grâce aux sucres présents dans les aliments consommés quotidiennement.

En revanche, lorsqu'on suit un régime amaigrissant, on mange moins, donc on n'a pas assez de sucre pour en faire des réserves et l'emmagasiner au fur et à mesure. Les réserves de sucre dans les muscles et le foie se vident alors presque complètement.

Autre élément important : le sucre de nos réserves est emmagasiné avec de l'eau. Chaque gramme de sucre qui se trouve dans les muscles et le foie est ainsi associé à trois grammes d'eau.

Lorsqu'on dévie de son régime et qu'on mange des produits qui contiennent du sucre, chaque gramme de sucre de cet écart sera automatiquement lié à trois grammes d'eau.

Le poids qu'on reprend très vite (et qu'on perd très vite), c'est cette eau qui est liée au sucre, dans nos réserves.

Chez les personnes qui ne suivent pas de régime amaigrissant, ce phénomène ne se produit pas. Comme leurs réserves de sucre sont toujours pleines, un simple écart ne cause pas une fluctuation importante de leurs provisions de sucre et d'eau.

Régime et déprime

Cette fausse prise de poids subite liée à un simple écart dans le cadre d'un régime amaigrissant a aussi des impacts psychologiques.

On se sent coupable et on accuse, injustement, ce simple moment de plaisir d'une reprise de poids malvenue. On se replonge donc, déçu et frustré, avec toute sa volonté, mais aussi une piètre opinion de soi-même, dans son régime amaigrissant[13,14].

Et pourtant, toutes ces choses qui sont interdites dans les régimes amaigrissants, que ce soit les gâteaux ou les pâtes (ou même des carottes cuites!), font partie des plaisirs fondamentaux de la vie. Ce n'est pas fou d'adorer les fromages bien crémeux sur du pain: c'est vrai que c'est délicieux et agréable à manger!

Il ne s'agit pas d'une dépendance, comme certains le croient. Le désir incontrôlable de manger un aliment (ce qu'on appelle *craving*, en anglais) a été étudié, et les résultats ont démontré que c'est la privation qui en est la source. Il a aussi été prouvé que lorsque ce désir est comblé, il ne déclenche pas de sentiment de réconfort, cette impression calmante qui devrait normalement être ressentie lorsqu'un tel désir lié à un manque physique est comblé. Ce qui est ressenti, ce sont les remords et de la culpabilité[15].

En se privant de telles choses, on finit à la longue par accumuler de la frustration profonde, ce qui se traduit bien souvent par un abandon. On laisse tomber son régime avec un sentiment d'échec, profond et triste, comme si cette gourmandise que l'on voulait tant anéantir avait eu raison de notre force morale. Bref, on se sent coupable et nul.

« On se demande pourquoi tout le monde autour de nous est mince, explique Josée. On se sent coupable. On se dit : "Je devrais avoir la volonté de dire non au gâteau au chocolat.

Comment est-il possible que moi je ne sois pas capable de faire ça?" »

Et la triste ironie de ce sentiment profond d'incompétence, c'est qu'il se déclenche chez des gens pour qui, souvent, la nourriture joue un rôle apaisant, réconfortant, des gens qui mangent pour des raisons émotives.

Donc, ces gens sont poussés à la déprime par la nourriture et vont ensuite chercher la paix... dans la nourriture.

En résumé, le cercle vicieux de la privation menant à l'excès est alimenté par des facteurs émotifs : « Je me prive, je craque, je me trouve nul, je mange alors pour me consoler, je me trouve toujours aussi nul, je me prive pour me sentir un peu moins nul, je craque encore, je me sens toujours plus nul, je dois donc me priver plus que jamais... » Et la danse infernale continue, encore et encore.

LE MOT DE

MARIE-CLAUDE

Les gens qui n'ont jamais suivi de régime ou qui n'ont jamais eu de problème de poids n'ont aucune idée de l'impact psychologique et émotif que peuvent avoir ces échecs répétés sur le moral. Lorsque nous avons réalisé les entrevues pour ce livre, certaines personnes se sont mises à pleurer en se confiant. On pense parfois que ces détresses sont réservées aux gens qui ont des problèmes d'alcool ou de drogue, mais le combat contre le poids et la nourriture, combiné à la quête d'une perfection alimentaire impossible, s'enracine profondément chez l'être humain et lui met une foule de bâtons dans les roues, tous plus inutiles les uns que les autres.

Votre corps vous veut du bien

Tous ces échecs de perte de poids ont un lourd impact sur le moral.

Il suffit de prendre le temps d'écouter les gens qui sont passés par ces déboires répétés et toutes les déceptions qui les ont accompagnés pour mesurer l'immensité de la tristesse, de la culpabilité et de la colère qu'ils traînent avec eux. Imaginez, faire autant d'efforts pour aboutir nulle part, ne jamais remporter aucune victoire.

Pourtant, le problème n'est pas l'absence de volonté de ceux qui suivent les régimes. Le problème, c'est le régime!

Ainsi, les échecs sont déclenchés par des mécanismes de survie du corps sur lesquels on n'a aucun contrôle. Il n'est pas normal pour ce corps d'être constamment privé de nourriture. Lorsqu'on suit un régime pendant un certain temps, on se place dans une situation qui est anormale et menaçante pour lui. Le corps se croit en période de famine et, par conséquent, il envoie constamment des messages au cerveau pour sonner l'alarme. Ces messages nous dictent de manger pour survivre, mais on agit contre nature : on ne mange pas assez.

Cette réaction du corps est difficile à croire et à accepter, car on vit dans un monde d'excès et d'abondance alimentaire. Le mot « famine » semble presque ridicule dans ce contexte. L'organisme réagit toutefois à son environnement à lui. Il ne voit pas dans nos yeux l'abondance qui l'entoure. Le corps ne constate que ce déséquilibre entre l'énergie qu'on lui fournit et celle dont il a besoin. On peut être à côté d'une montagne de nourriture, notre corps croira quand même qu'il peut mourir de faim tant que l'on n'aura pas cessé de l'affamer.

L'humain possède un cerveau sophistiqué qui lui permet constamment de prendre des décisions subtiles et nuancées pour s'ajuster à son environnement. Mais il faut aussi accepter que l'on n'a pas conscience d'une bonne partie de son fonctionnement. Si on monte un escalier, le cœur va se mettre à battre plus vite et le rythme respiratoire augmentera pour éviter que l'on ne perde connaissance par manque d'oxygène. Mais tout cela se passe sans que l'on ait à y penser. Ces ajustements se font indépendamment de la volonté. Le corps décide tout seul.

De la même façon, lorsque l'on suit un régime restrictif et que l'on ne mange pas à sa faim, le corps se met à gérer seul les mécanismes de survie. C'est un phénomène normal sur lequel on n'a aucun pouvoir. Notre corps nous pousse à manger. Et lorsqu'une volonté de privation entre en collision avec un instinct de survie, on sait déjà qui va gagner : l'instinct de survie !

Le réel problème, le très grave problème, c'est lorsque la volonté de privation gagne. On parle alors d'anorexie, un désordre mental pouvant mener à la mort, puisque l'instinct de survie ne peut plus faire son boulot.

EN RÉSUMÉ

- Les régimes ne font pas maigrir à long terme.
- Les régimes créent des frustrations qui mènent aux excès.
- Le corps humain pense que les régimes amaigrissants sont des famines à durée indéterminée.
- Le corps humain est programmé par des siècles d'évolution pour essayer de ne pas s'affaiblir quand une famine se produit.
- Afin de survivre à une famine, le corps s'adapte pour entretenir le mieux possible ses réserves de gras et dépenser le moins de calories possible.

Isabel Richer
La rescapée des régimes inutiles

« Moi, lance la comédienne, c'est pas compliqué : j'ai arrêté d'avoir des problèmes de poids le jour où j'ai arrêté de m'en faire avec ça. »

Difficile à imaginer, mais Isabel Richer n'a pas toujours été la grande fille super mince que l'on voit au cinéma, au théâtre et à la télé. Durant la vingtaine, elle a traîné pendant quelques années presque 20 kilos de trop, qui sont disparus tout seuls, le jour où elle a en eu marre de compter ses calories et de sauter des repas en espérant que cela la fasse maigrir.

« Je n'ai jamais été aussi mince que depuis que je mange trois fois par jour », explique-t-elle sans ambages.

Le scénario de sa vie est assez typique : petite, Isabel n'a jamais eu de problème de poids. Puis, à l'adolescence, elle a commencé à se battre, à coup de régimes, contre quelques nouvelles rondeurs qui ne lui plaisaient pas. Ont suivi des années de privations et de montagnes russes assez typiques : produits allégés, régimes, comptabilisation des calories en tout temps et kilos qui disparaissent pour mieux s'accumuler ensuite.

« Je sautais des repas et j'étais capable de tolérer le sentiment d'être affamée. Mais le soir, c'était immanquable, je mangeais beaucoup. Ou alors, je picossais dans les plats. »

Mais un jour, pour toutes sortes de raisons personnelles, la comédienne en a eu marre et a lâché prise. Et au lieu de se battre contre la nourriture, elle a accepté sa gourmandise, en se disant que si elle ne devait surveiller qu'une seule chose, c'était cette habitude de toujours piger dans les plats à gauche et à droite.

Et puis, tranquillement, sa relation avec la nourriture a commencé à s'apaiser. Et les kilos à fondre.

« Tranquillement, explique-t-elle, j'ai tout simplement arrêté de manger quand je n'avais pas faim. »

Aujourd'hui, Isabel Richer a un enfant – elle n'a eu aucun problème à retrouver sa taille après sa grossesse – et elle mange ce qu'elle veut, quand elle le veut. « Je garde toujours quelque chose sur moi pour avoir une collation à portée de main », dit cette collectionneuse de livres de recettes, fine fourchette et bonne cuisinière.

Dans son panier d'épicerie, on retrouve poisson, fruits, légumes et compagnie. Mais si l'envie d'un sac de *chips* lui prend, elle ne se gêne pas pour en acheter aussi. Elle fait comme sa mère faisait. « On n'en garde pas à la maison, mais si on en veut, on peut aller en prendre à l'épicerie. »

A-t-elle peur de reprendre les kilos perdus il y a maintenant une vingtaine d'années? Non. S'impose-t-elle quelques restrictions pour conserver sa taille? Non.

« Je suis encore et toujours une grande gourmande. Je mange de tout. Je ne me prive pas. Mais si j'ai mangé un gros repas un soir, spontanément je mange moins le lendemain. Mettons que je ne prends pas des œufs au bacon pour déjeuner! » Et avant un repas de fête, le scénario est inversé : « J'aime tellement manger que je m'arrange pour arriver là en ayant faim, pour pouvoir en profiter. »

En fait, Isabel ne comprend pas qu'en 2006, les gens suivent encore des régimes amaigrissants. « C'est tellement clair que ça ne marche pas et que c'est platte », lance-t-elle en se rappelant, en riant, de tous les régimes étranges qui avaient cours dans les années 70 et 80 : régimes aux bananes, régimes aux pamplemousses, régimes aux légumes en rotation... « Je ne sais pas si c'est une question d'âge ou d'époque, mais aujourd'hui, il me semble évident que les régimes, c'est une totale perte de temps. »

chapitre 3

Le festival
de l'interdit

Avant de perdre les premiers kilos en respectant les signaux de faim et de satiété, il faut accepter un concept crucial qui n'a rien d'évident pour ceux qui se privent depuis des décennies : lorsqu'on veut perdre du poids, toutes les calories sont égales et, par conséquent, il n'y a pas d'aliments « engraissants » dont on doit se priver, ni d'aliments « pas engraissants » que l'on peut manger à volonté.

Cette notion primordiale est l'une des plus difficiles à accepter, car non seulement les auteurs de régimes, mais tous les professionnels de la santé articulent leurs messages de minceur et leurs messages prosanté autour de la qualité des aliments. Généralement, ces derniers parlent des « bons » aliments à privilégier – fruits, légumes, grains entiers, protéines maigres, etc. – et de ceux à éviter, principalement les gras et les sucres raffinés.

Les régimes aussi sont construits autour de la qualité des aliments. Beaucoup misent d'abord et avant tout sur leur teneur en calories. Mais il y a aussi les régimes qui valorisent les protéines, alors que les glucides, ou « hydrates de carbone », sont bannis. À une autre époque, c'était l'inverse : le gras était vu comme l'ennemi à combattre et les glucides n'effrayaient personne.

L'approche de perte de poids antirégime proposée dans ce livre prône la disparition de ce manichéisme alimentaire.

Il n'y a plus de gentils, plus de méchants. Que des aliments à consommer selon ses besoins. Tout est dans la quantité, en fonction de ses besoins, et selon ses goûts.

Ses goûts? Oui, car manger ce qu'on aime et se réconcilier avec les interdits aide à la perte de poids. Cela augmente les chances d'être pleinement satisfait et diminue le risque de céder à des excès compulsifs.

Alors, si c'est de poutine dont on a envie, on pourra en manger. Même chose pour les biscuits, le riz, le *fish'n'chips*, la purée de pommes de terre ou la crème fouettée. Tous les aliments sont dans le même panier.

Évidemment, cela ne veut pas dire qu'il faille abandonner ses critères personnels pour choisir des aliments. Les végétariens peuvent demeurer végétariens. Et ceux qui rejettent complètement les gras trans (avec raison!) pour des questions de santé (et non de calories) peuvent continuer à le faire. De la même façon, ceux qui aiment manger beaucoup de légumes et de poisson peuvent continuer à s'en donner à cœur joie. Il faut uniquement s'assurer que ces choix sont basés sur les goûts personnels. Si l'on a l'impression de se priver de quoi que ce soit, on risque de déraper.

De plus, l'approche proposée nécessite une réconciliation avec des aliments que l'on n'est pas fier d'aimer. Les *chips* sont un bon exemple, ainsi que la crème glacée extrafudge ou les tablettes de chocolat au lait aux noisettes. On n'y peut rien, ce sont nos goûts. Si une réconciliation est essentielle, c'est pour éviter toute la folie et les excès liés à la « tricherie ».

Les faux amis

Il importe également de comprendre que, contrairement aux idées promues par bien des régimes, et du point de vue de la perte de poids uniquement, il n'y a pas d'aliments dont on a rien à craindre. Aussi surprenant que cela puisse paraître, une trop grosse assiette de blanc de poulet et de haricots verts, mangée au mauvais moment, peut faire prendre du poids. Et ce n'est pas préférable de surcharger son estomac avec un sauté aux légumes à l'asiatique qu'avec des framboises, si la faim est déjà comblée.

Petit exercice :

Qu'est-ce qui contient le plus de calories?

- Une portion de saumon?
- Une portion de blanc de poulet cuit sans gras?
- Une portion de frites?

Voici la réponse :

- 300 g de saumon : 549 calories
- 300 g de blanc de poulet (sans beurre, sans huile) : 429 calories
- Une portion de frites de format moyen : 458 calories

Et puis, soit dit en passant, un yaourt nature à 0 % de matières grasses contient 89 calories, la même énergie qu'une poire ou... deux biscuits aux pépites de chocolat de 40 calories chacun. Source : Santé Canada.

LE MOT DE

GUYLAINE

Certains de mes clients ont du poids à perdre et, pourtant, ils mangent tous les jours une grande quantité de fruits et de légumes ainsi que de protéines maigres : une boîte de thon entière pour le dîner, puis un demi-bloc de tofu et un litre de soupe aux légumes. Leur surpoids s'explique non seulement par les excès qui découlent des privations, mais aussi par la confiance aveugle qu'ils ont en certains aliments.

Ces notions, doit-on le répéter, ne sont pas faciles à intégrer. Lorsqu'une personne a été au régime ou en restriction alimentaire pendant de nombreuses années, plonger dans un plat de fromage crémeux est à peu près aussi rassurant que de plonger dans une piscine vide. De la même façon, accepter de devoir abandonner une salade grecque au beau milieu de la portion servie ne sera pas facile. On est tellement habitué de ne pas avoir de limites avec les légumes!

L'acceptation

Lorsque cette notion cruciale est acceptée, théoriquement du moins, on se réveille le matin beaucoup plus guilleret qu'avant. On n'a plus d'ennemi chez les aliments. Et il ne reste qu'un seul patron : la personne qui mange.

Cette acceptation et les bienfaits qui en découlent redonnent beaucoup de confiance et un sentiment de légèreté – psychologique, à tout le moins! – formidable.

Ainsi, cette vie qui se résumait en une série de stratégies pour composer le mieux possible avec cet ennemi que sont les calories deviendra tout à coup beaucoup plus simple. Tous les choix s'ouvriront à soi dans les menus des restaurants, toutes les découvertes seront permises.

« Quand j'explique cette approche à des gens et que je leur dis que je maigris en mangeant tout ce que je veux, ils me regardent comme si j'étais un extraterrestre », confie George, qui a ainsi perdu sept kilos en presque deux ans.

Pour certains, cette liberté est très déroutante. Comment construire un menu pour recevoir des amis quand plus aucune restriction ne subsiste, si on a toujours pensé en fonction des exigences d'un régime ou d'un autre? Comment commander au restaurant? Comment faire l'épicerie?

« Quand j'allais au restaurant, raconte Nathalie, une fois que j'ai eu levé les interdits, je ne savais même plus comment choisir. J'étais tellement habituée de toujours aller vers les plats de poisson et de légumes que j'en avais oublié ce que j'aimais parmi les viandes… »

Petit à petit, on redécouvrira ses véritables goûts et on réapprendra à se connaître. Les barèmes de vertu s'adapteront également. On ne s'autoévaluera plus en fonction de la capacité, ou non, de respecter les lois alimentaires dictées par un régime ou un autre.

Et on commencera à déboulonner des années et des années d'engrenages émotifs et intellectuels construits autour de cette lutte contre les aliments trop délicieux et cette quête, vaine, de la médaille d'or de la réussite des régimes.

En bout de piste, on sera laissé à soi-même, avec des questions fondamentales et simples : est-ce que j'ai faim? Qu'est-ce que j'ai réellement envie de manger?

Manger n'a rien d'intellectuel

La première étape de cette réconciliation avec la nourriture consiste, pour tout le monde, à bien comprendre à quel point on a transformé un besoin physique de base en quelque chose d'intensivement intellectuel. Or, c'est l'instinct, ou ce que les Américains qui ont travaillé sur cette approche appellent « l'intuition », qui sait ce qu'on doit manger pour conserver sa ligne.

Pensons à l'énergie intellectuelle qu'on dépense lorsqu'on décide de faire un régime pour maigrir. On se met à penser à son poids, on y pense tout le temps, et on fait une fixation sur la nourriture. Comme elle est notre ennemie, on l'analyse, la mesure, la comprend, la circonscrit, la dompte, la comptabilise. La balance est sur le comptoir pour peser les portions, et la calculatrice n'est pas bien loin, pour additionner les calories[1,2].

On oublie le plaisir qu'on est censé éprouver en mangeant et on se met à choisir en fonction de toutes sortes de critères intellectuels : le nombre de calories, la teneur en nutriments, le type d'aliments. On se demande si ce sont des glucides ou des protéines, on cherche les gras saturés, on se réjouit de la présence d'une vitamine ou d'un antioxydant dont on entend beaucoup parler.

On regarde une pizza aux tomates, au fromage et aux poivrons, et ce qu'on y voit, c'est une base composée d'hydrates de carbone, garnie de lycopène, de gras saturés en abondance et de quantités minimes d'éléments hypocaloriques avec vitamines et fibres.

La puissance de cette démarche cérébrale est telle que l'on réussit même à dompter son propre goût. On devient convaincu que des légumes cuits vapeur sont meilleurs que ceux grillés au barbecue avec du beurre. On est certain qu'un blanc de poulet poché est aussi délicieux qu'une cuisse de poulet qui a grillé dans son gras. Le lait écrémé devient formidable et n'a rien à envier au goût plus crémeux du lait à 2 % ou même de celui à 1 % de matières grasses.

Plusieurs croient que les restrictions sont nécessaires, car elles nous empêchent de manger les aliments gras et sucrés que l'on affectionne particulièrement et instinctivement (pour des raisons biologiques très simples : ils sont riches en calories et le corps a besoin de calories pour fonctionner! Mais encore faut-il l'écouter quand il hurle qu'il en a eu assez...). Par contre, c'est l'inverse qui se produit quand on se prive trop : on risque de craquer et de perdre le sens des quantités raisonnables.

Les minces naturels, eux, mangent des pâtes, des plats en sauce, des biscuits... Mais a-t-on déjà vu un mince naturel manger une boîte complète de chocolats? Jamais. Ils ont cette capacité indéfectible de s'arrêter quand ils en ont assez. Pour apprendre à être comme eux, il faut s'enlever la nourriture du cerveau rationnel et redonner à l'instinct le rôle qui lui revient.

Voici un petit questionnaire qui vous permettra de savoir si vous êtes intellectuellement obsédé par la nourriture.

- Êtes-vous fier de vous quand vous faites des choix « santé »?
- Préférez-vous éviter de manger des aliments qui, selon vous, font engraisser?
- Est-ce que vous faites le bilan de votre journée en comptabilisant les bons et les mauvais aliments que vous avez consommés?
- Croyez-vous que pour maigrir, il vaut mieux manger le moins souvent possible?
- Vous pesez-vous chaque jour, ou alors vous ne vous pesez plus du tout, car le chiffre vous fait peur?
- Avez-vous l'impression que chacun de vos manques de vigilance mènera immanquablement à une prise de poids?

Si vous avez répondu oui à une ou à plusieurs des questions ci-dessus, vous pensez probablement que votre attitude vous aide à conserver votre poids ou à perdre des kilos. Malheureusement, ces comportements d'autosurveillance pavent le chemin non pas à la perte de poids, mais plutôt à la prise de poids. Bref, ces croyances bloquent la perte de kilos.

Commençons par le début

Les aliments que vous vous refusez le plus souvent sont ceux qui inquiètent davantage, car vous savez que vous les aimez et que vous avez envie d'en manger et d'en manger trop, à votre avis.

Sauf que cette interdiction a un effet pervers bien connu. Les choses que vous ne pouvez avoir sont celles que vous désirez le plus. C'est normal. Ce sont des « gourmandises » que vous trouvez délicieuses mais que vous vous interdisez de manger. Qui s'étonnera de vous voir céder à la tentation?

Sauf que, contrairement aux minces naturels qui n'ont pas de frustrations accumulées par rapport à ces aliments, plusieurs personnes sont incapables de n'en manger qu'un peu. Les chances sont effectivement élevées que, dans un moment de « faiblesse », vous finissiez la tourtière, que vous dévoriez la baguette de pain au complet avec du beurre, que vous tombiez dans le contenant de crème glacée.

Pourquoi? Parce que c'est le désastreux effet combiné d'une tête frustrée et d'un corps qui, à force de privation, a cessé d'envoyer les signaux disant « je suis rassasié[3] ».

Est-il nécessaire de dire que le sentiment de culpabilité qui suivra l'ingestion de ces aliments sera proportionnel à la quantité de nourriture engloutie?

Il y a fort à parier qu'au lendemain de l'épisode en question, vous monterez sur le pèse-personne... ce qui est une bien mauvaise idée. Car vous finirez par vous fier à cet instrument pour savoir si vous avez le droit ou non de manger. « L'écart de la veille n'a pas eu de conséquences? Alors il n'y a pas de danger à ce que je refasse la même chose aujourd'hui. » « J'ai pris du poids? Oups, je coupe! » Croyez-vous que ce soit la bonne façon de décider quelle portion et quel aliment vous devez manger?

Lorsqu'on pense à son poids chaque matin, à chaque repas, à chaque instant, et qu'on s'efforce constamment de contrôler son alimentation, on a la ferme impression d'être sur la bonne voie pour maigrir. On croit avoir le contrôle.

Sauf que lorsqu'on mange ainsi, on fonctionne avec sa tête, c'est-à-dire en raisonnant et en calculant. Et on perd alors contact avec les signaux que le corps envoie, c'est-à-dire les signaux naturels régulateurs du poids. Et ces signaux sont importants puisqu'ils nous disent quand arrêter de manger, même un aliment qu'on croit inoffensif.

« Le régime *X* dit que je peux manger une certaine quantité de bœuf? Je la mange toute! » « Le régime Y prétend que je peux prendre tant de chocolat noir par jour? Je n'en laisserai pas un gramme. » Souvent, c'est trop.

Car celui ou celle qui a inventé le régime en question ne sait pas qui on est, ce que l'on fait dans une journée et quel genre de semaine on a passé. Comment peut-il savoir ce que l'on doit manger?

LE MOT DE

GUYLAINE

À la clinique, il est fréquent que les clients me racontent la façon dont leurs privations les mènent en premier lieu à chercher comment remplacer l'interdit par autre chose de moins riche en calories. Sauf qu'ils finissent toujours par craquer, tôt ou tard, pour ce qu'ils veulent. Et en cours de route, ils auront mangé toutes sortes d'autres choses pour apaiser leur envie initiale, mais en vain. Vaut mieux aller directement vers ce qui vous tente, sans détour. Une petite portion de frites à moitié mangée est préférable à deux fruits, deux yaourts à 0 % de matières grasses, une boisson gazeuse diète et finalement une grosse portion de frites engloutie en cachette.

Santé ou pas santé

Au-delà de l'obsession généralisée pour les calories, les messages diffusés au grand public sur ce qu'on appelle « la saine alimentation » ont amené les gens à diviser la nourriture en deux grandes catégories : les aliments santé et les autres. D'une manière caricaturale, on pourrait dire que d'un côté, il y a ceux remplis d'oméga-3, d'antioxydants, de vitamines, de fibres, de minéraux, etc. Tandis que de l'autre, il y a ceux qui ne sont pas santé, ou qui rendent le vice facile à tous les radicaux libres.

Cette répartition crée à la fois la peur et la confusion. La peur de ne pas s'alimenter sainement et, par conséquent, de mettre sa vie en danger, et la confusion entre ce qui est santé et ce qui ne fait pas prendre de poids.

La peur des aliments « antisanté » a contribué à rendre compliquée et stressante notre relation avec les aliments. On croit qu'il faut intégrer dans son quotidien toutes sortes d'aliments qu'on n'aime pas particulièrement, mais qui contiennent telle ou telle vitamine. Ou alors, on s'interdit systématiquement certains aliments qu'on aime parce qu'ils ne sont pas santé. Bref, on se préoccupe de toutes sortes de critères complexes qui nous contraignent à manger, par exemple, des bleuets importés en plein mois de janvier (alors que c'est hors saison), après une salade de saumon au curcuma avec du vin rouge... Mais en cours de route, on oublie complètement de penser aux quantités... En fait, on se dit que plus on mange de bleuets et de saumon au curcuma, mieux on se portera. On fait le plein d'oméga-3 et d'antioxydants, ce qui est formidable! Toutefois, pour la perte de poids, ça ne fonctionne pas ainsi.

Et puis il y a ces études scientifiques qui vont dans tous les sens. Prenons simplement le cas du café, qui ne cesse d'être inscrit, puis retiré, puis inscrit de nouveau sur la liste des aliments tolérables. La conclusion à tirer est évidente : prenons-en en quantité raisonnable si on en a envie!

Une relation saine et harmonieuse avec la nourriture, basée sur ses préférences personnelles tout en étant modérée par le respect les signaux de faim et de satiété, est une option santé. Il s'agit en effet d'une façon de limiter les excès incontrôlés de tous les types de nourriture, en commençant par ceux qui sont sur la liste officielle des aliments à éviter. C'est là une façon de perdre du poids et de redécouvrir les aliments santé dans une optique beaucoup moins rébarbative. Les bleuets et les canneberges sont peut-être remplis d'antioxydants, mais ce sont d'abord et avant tout de petits fruits délicieux qui méritent grandement d'être consommés sous toutes les formes : en jus, en tartes, en confiture...

Maigrir en paix

Pour arriver à cet état d'harmonie avec la nourriture, il faut bien saisir les conséquences négatives physiques et psychologiques de l'évitement systématique de certains aliments en plus de comprendre l'importance de la satisfaction par rapport aux aliments.

Manger, ce n'est pas seulement mettre des calories dans son corps. Manger déclenche une panoplie de sensations. On nourrit non seulement son corps, mais on nourrit également son âme. Il est donc important de savoir ce qu'on a le goût de manger.

Il est crucial, pour l'humain, d'être satisfait de la nourriture qu'il consomme.

L'effet pervers des restrictions

Plusieurs études démontrent que lorsque l'on s'impose des règles, notamment en ce qui a trait au moment auquel on mangera, la quantité que l'on mangera (en pesant les aliments ou en calculant le nombre de calories) et le type d'aliment que l'on mangera, on augmente le risque de se sentir en état de restriction. Nos pensées porteront davantage sur la nourriture que si ces règles n'existaient pas[3,4,5,6,7,8,9,10,11].

Les personnes qui se restreignent constamment sont aussi plus à risque de laisser leurs yeux ou leur odorat dicter le moment de consommer la nourriture. On a tous entendu parler de ces gens qui ne peuvent s'empêcher d'acheter des biscuits lorsqu'ils en hument l'odeur en passant devant la vitrine du marchand. Ou peut-être évite-t-on à tout prix les pâtisseries, car on sait qu'il est impossible de ne pas acheter quelque chose si on passe devant. Certains interdisent carrément l'entrée d'aliments précis dans leur domicile, par peur d'en manger dès qu'ils aperçoivent l'emballage ou le contenant.

Les recherches scientifiques sont même allées plus loin pour comprendre les effets pervers des privations. Le simple fait de penser suivre un régime restrictif amène les gens à des excès alimentaires[12]. Qui ne s'est jamais dit : « Ce soir, c'est mon dernier soir avant mon régime, j'en profite »? Cette impression que ce repas est le dernier à être agréable trace une voie directe vers les excès. Et souvent, il finit par y avoir beaucoup de derniers repas et beaucoup d'excès, donc de culpabilité, le tout entremêlé dans un cycle infernal de restrictions, d'excès et de « il faut que je me remette à la diète »...

« Généralement, je me payais la traite dans le temps des Fêtes, raconte Catherine. Tant qu'à tricher, je trichais! Fudge, sucre à la crème, desserts... C'était le *free for all*. Je me disais "Après, je vais être catastrophée " mais je le faisais pareil. Et après, je ressentais une immense culpabilité. »

Vous pensez que tout est une question de volonté? Que si vous aviez vraiment une solide force de caractère, vous vous remettriez sur la bonne voie lorsque nécessaire? Non. Ce sont les privations et l'appréhension des privations qui conduisent le cerveau, malgré nous, vers l'excès. Une vraie danse en rond qui ne produit que des kilos en trop et beaucoup de frustrations[13].

Vous êtes alors comme un automobiliste coincé dans un rond-point diabolique dont il ne sort jamais. Demandez la priorité. Sortez. Prenez une autre voie.

Faire le saut!

Vous aurez peut-être l'impression qu'en vous permettant des aliments interdits, vous abandonnerez l'idée même de maigrir. Pas du tout.

Les minces naturels mangent régulièrement ce que plusieurs considèrent comme des aliments interdits. Ils en mangent selon leurs besoins. C'est tout.

Peut-être aurez-vous peur d'être l'exception, LA personne qui engraissera en laissant aller les interdits et la culpabilité. Il n'y a aucune raison de vous en faire.

Au début et pendant un certain temps, il est normal que vous soyez particulièrement attiré par ces aliments longtemps interdits qui s'offrent finalement à vous. Peut-être aurez-vous aussi l'envie de bouder pour une courte période les aliments minceur qui ont été associés de près aux années de privations. Nathalie n'a pas mangé de saumon pendant des mois après avoir amorcé cette approche antirégime.

Peut-être ne mangerez-vous plus de tofu et de salades huit fois par semaine. « C'est vrai que je ne mange peut-être pas autant de légumes que je voudrais, avoue Jean-Pierre. Mais je mange du saumon et des sardines, j'ai donc mes oméga-3! »

Il ne faut pas vous en faire. Si vous aimez réellement ces aliments, et qu'en plus vous avez désormais toute la latitude permise pour les cuisiner comme vous les aimez, ils reprendront le chemin de votre assiette. Par goût, cette fois.

Tout médecin le dira : ce n'est pas parce que l'on mange moins santé quelques mois que l'on augmentera soudainement le risque de succomber à une terrifiante maladie.

La santé doit être vue dans un contexte plus large. Les privations qui minent et détraquent les relations avec la nourriture ne sont pas saines. Pensons aux Français et à leur fameux paradoxe. Et si leur meilleure santé n'était pas due aux molécules du vin qu'ils boivent ou aux gras qu'ils mangent? Si leur meilleure santé était simplement due à la modération associée à la sérénité et au plaisir alimentaire si typiquement français?

Si vous levez les interdits, vous aussi, vous pourrez devenir serein et modéré. La nature humaine est ainsi faite. Lorsque l'interdit n'existe plus, le désir diminue également. Vous aurez donc envie de tous ces aliments plaisir à l'occasion uniquement, comme le reste des aliments « ordinaires » qui composent votre alimentation.

Des squelettes dans le placard

Certaines personnes aux prises avec une foule de restrictions diront qu'elles n'ont jamais envie des aliments interdits et qu'elles n'ont pas à se battre contre ceux qui sont « engraissants » puisqu'ils ne leur plaisent pas tant que ça. Pour quelques-uns, ce sont les desserts, pour d'autres les frites ou

les *chips*. Elles sont convaincues que ces interdits ne les inté-
ressent tout simplement pas.

Une étude[14] a cependant démontré que ce détachement n'est
pas nécessairement naturel et que la privation pouvait amener
les gens à être complètement désensibilisés par rapport à certains aliments interdits. À force de ne plus vouloir désirer un
aliment, le cerveau ne réagit même plus à sa vue. Plutôt que
d'être indifférent et détaché, il en est venu à être pratiquement
anesthésié, ce qui n'a rien de naturel.

Si vous avez ainsi retiré un aliment de votre alimentation et que
maintenant vous vous croyez à l'abri parce que vous n'y pensez
même plus, vous aurez tout intérêt à le réintroduire et à réapprendre à en manger.

Cela paraîtra peut-être fou, voire cruel… Mais il est clair que
c'est quelque chose sur lequel vous n'avez pas de contrôle.
Une relation harmonieuse avec les aliments sera impossible si
vous gardez des squelettes dans le placard. Et pourquoi
d'ailleurs le feriez-vous? Une fois l'interdit levé et la relation
rétablie, vous réaliserez peut-être que vous aviez effectivement
des réticences, par goût, vis-à-vis de cet aliment (« C'est vrai,
je n'aime pas les frites, sauf quand elles sont parfaitement pré-
parées » ou « Oui, j'aime certains desserts, mais surtout pas
ceux à la crème pâtissière… »). La différence, c'est que le dernier mot, c'est vous qui l'aurez.

Vous verrez au chapitre cinq, qui présente les détails la démarche, semaine après semaine, que la levée totale des restrictions alimentaires n'arrive pas tout de suite. La raison en est
fort simple : il est important d'avoir d'abord confiance en votre
capacité de reconnaître vos signaux de faim et de satiété. Ainsi,
vous saurez que vous possédez les outils nécessaires pour plonger dans les interdits, y compris un frein naturel et instinctif.

EN RÉSUMÉ

- Il n'y a pas d'aliments qui font engraisser.
- On peut manger ce qu'on aime, tous les jours, et devenir mince, puis le rester.
- La privation et la frustration alimentaires sont les ennemies de la minceur.

Rafaële Germain
Les calories dans la joie

L'écrivaine Rafaële Germain aime manger et le fait avec plaisir. Sa devise? « Une calorie consommée dans la joie ne compte pas. »

« Si je mange du saumon par dépit, je vais être de mauvaise humeur. S'il fallait que je sois au régime je serais toujours de mauvaise humeur. En fait, impossible. Je serais bien trop malheureuse. »

Avec ses talons hauts Marc Jacobs, ses sempiternelles camisoles plus chic les unes que les autres (en cachemire en hiver) et ses jeans moulants, Rafaële Germain – qui écrit pour la télé et pour *La Presse*, en plus de ses romans – est tout à fait l'incarnation montréalaise des héroïnes de la série *Sexe à New York*.

Sauf que contrairement au personnage de la chroniqueuse Carrie Bradshaw, Rafaële accorde une place toujours centrale, dans ses écrits, au plaisir de la table. Cette jeune femme dans la vingtaine aime manger et boire du bon vin, avec les copains. Et elle le dit et l'écrit ouvertement, savoureusement et souvent.

La routine de Rafaële s'articule autour de beaucoup de repas au restaurant. Le matin, elle déjeune avec un morceau de pain, un café, du fromage cheddar... Le sucré n'est pas sa tasse de thé. Mais donnez-lui de la rosette de Lyon et la voilà au nirvana. Même chose pour les tomates : « La meilleure chose sur Terre c'est les tomates tranchées avec du sel. »

Rafaële ne se prive pratiquement de rien. Seul le saucisson lui fait parfois perdre le nord : « Je peux avoir de la crème glacée dans mon frigo pendant des mois... Mais le saucisson, je le mange! » Surtout le soir, quand une petite fringale la tenaille. C'est la seule chose, dit-elle, dont elle doit se méfier.

Comme beaucoup de minces naturelles, Rafaële aime bien les collations. Des fruits et des amandes en revenant du gym. Quelque chose de salé vers 17 h, en attendant le souper, qui arrive pas mal plus tard. Un petit en-cas avant d'aller dormir.

Elle n'hésite jamais non plus à demander un *doggie bag* – un emballage pour les restes – quand elle va au restaurant et qu'elle ne finit pas son assiette. Car Rafaële laisse régulièrement de la nourriture dans son assiette, surtout au restaurant. « Avant je ne trouvais pas cela poli mais maintenant je me dis que dans le fond, j'ai payé pour ça. »

Selon la jeune femme, il ne faut jamais hésiter à en laisser ou à en rapporter. « Des fois je regarde les portions et je me dis "C'est pas vrai qu'on peut rentrer tout ça dans son ventre. C'est impossible." »

L'écrivaine n'aime pas avoir le ventre plein et se sentir trop repue. « Lorsqu'on mange trop, quelque chose de trop gras par exemple, on le sent dans son corps. On est comme encrassé », note-t-elle. « Mais si mon corps me demande un risotto, je mange un risotto! »

En outre, elle mange toujours lentement. « Lorsqu'on mange tout d'un coup, c'est très désagréable. Ça reste sur l'estomac. »

Et quand décide-t-elle que c'est le temps de manger? « Quand j'ai faim, et ça, je le sais en maudit! »

faim?

Une question simple

Ai-je faim? La question est simple. Pourtant, combien de fois par jour se la pose-t-on, surtout avant de manger?

Pourtant, pour atteindre ou garder un poids génétique, c'est LA question à se poser chaque fois qu'on met un aliment dans sa bouche.

La faim est le signal que le cerveau envoie instinctivement lorsqu'il est temps de manger. Elle n'a pas besoin d'être contrôlée de manière consciente. Le corps est capable de savoir tout seul, comme c'est le cas très clairement chez les enfants ou les animaux, quand il est temps de manger. Pour ne pas accumuler de surpoids, il suffit de l'écouter[1].

Pour en être convaincu, il s'agit d'observer un jeune enfant en train de manger. D'abord, on sait tous que s'il n'aime pas quelque chose, pas question de lui en faire avaler, à moins, évidemment, de le forcer. Cela dit, si on observe un bambin manger quelque chose qu'il aime, on verra qu'il arrêtera tout seul de manger sans se préoccuper de ce qui reste dans l'assiette. C'est généralement aussi subit que spontané, même s'il s'agit de dessert.

Pensons à une fête d'enfants où il y a du gâteau. Il en reste toujours dans les assiettes à la fin du repas car les petits arrêtent de manger quand ils n'ont plus faim.

Les deux cerveaux

Le cerveau humain fonctionne de deux façons, la première est instinctive et la seconde, rationnelle.

La partie instinctive voit à toutes les dépenses d'énergie du corps, sans qu'on ait à y penser. Elle fait battre le cœur, nettoie le sang, maintient la pression sanguine, fabrique les hormones, gère le système immunitaire et la respiration, etc.

Le moindre mouvement conscient, comme lever un bras, génère une dépense d'énergie assurée par le cerveau instinctif.

Toute cette énergie que le corps dépense provient des calories contenues dans la nourriture et les boissons que l'on consomme. Les calories sont le carburant qui assure l'énergie nécessaire à l'accomplissement des diverses activités quotidiennes. Puisque c'est le cerveau instinctif qui contrôle les dépenses d'énergie, il est normal que ce soit lui qui voit également à l'entrée d'énergie dans le corps. Et sa façon de manifester son besoin d'énergie est le signal de la faim.

Beaucoup de gens s'imaginent que l'énergie nécessaire au corps sert principalement à faire bouger les muscles. Bien que les muscles représentent 50 % du poids corporel total, ils ne dépensent que 20 % de l'énergie. En contrepartie, le cerveau, qui ne constitue que 2 % du poids corporel, dépense 50 % de l'énergie consommée sous la forme de glucose. En termes de valeur énergétique, le cerveau, à lui seul, consomme 500 calories par jour[2].

La faim, c'est donc le corps qui demande du carburant. Et quand il en demande, c'est qu'il en a besoin dans un délai raisonnable. S'il n'obtient pas de réponse dans ce délai, il croira qu'on ne peut lui en fournir; aussitôt, il réagira, croyant le pire, et se mettra à s'ajuster pour continuer de gérer son fonctionnement, sans apport de carburant. Il fera donc des compressions dans ses dépenses d'énergie et il puisera dans les réserves musculaires pour combler le manque.

Le corps aime être mince

S'il est toujours nourri quand il le demande, le corps comprendra qu'il n'a plus de raison de garder ses réserves pour les famines à venir. Et il voudra retourner à son poids génétique[3,4,5]. Comme nous, notre corps veut foncièrement être léger.

Pour comprendre sa logique, imaginons un marcheur qui part en forêt pour plusieurs jours. Va-t-il traîner un lourd fardeau de vivres qui l'assureront de toute l'énergie nécessaire si on lui dit qu'il y aura amplement de nourriture tout au long du chemin? Va-t-il remplir son bagage de repas préparés? Non, il va préférer partir léger et manger en cours de route.

Par contre, si par expérience il sait qu'il n'y aura pas nécessairement de nourriture sur le chemin, il ne prendra pas de risque et traînera ses réserves, même si elles sont lourdes.

C'est ainsi que le corps réagit. Les excès de gras qu'il traîne sont encombrants et lourds à porter. Pour survivre, il est cependant prêt à les endurer. Mais s'il réalise qu'il peut s'en débarrasser sans danger, il le fera volontiers!

Évidemment, le corps ne sera jamais assez téméraire pour couper complètement son signal de faim, même s'il a suffisamment de réserves. Le risque est trop grand d'être pris au dépourvu. Il va procéder petit à petit, graduellement. Il nous dira régulièrement de manger pour se rassurer et ne manquer de rien. Mais il utilisera aussi, tranquillement, ses réserves afin de devenir plus léger et de nous faire perdre du poids.

En revanche, si on mange au-delà de sa faim, au-delà de la sensation de satiété, ou entre deux repas sans avoir faim, le corps, n'en ayant pas besoin, ne l'utilisera pas. Il mettra l'énergie en réserve quelque part, où elle s'empilera avec tous les autres surplus d'énergie non utilisés : les graisses.

Les réserves de gras ont un messager pour aider le cerveau à gérer le signal de satiété. Il s'agit d'une hormone appelée « leptine » qui dit au cerveau à quel niveau sont les réserves et qui lui précise si elles doivent être renflouées ou, au contraire, vidées. Lorsque la réserve est sous son niveau normal, le cerveau décale le signal de satiété pour que la personne mange plus[6,7], et lorsqu'elle dépasse le niveau d'équilibre génétique, il envoie le signal plus tôt pour que la personne mange moins.

Bref, la faim et la satiété dictent quelle quantité il faut manger. Mais elles dictent aussi quand il faut manger. Et lorsque le corps reçoit la nourriture qu'il a demandée, en quantité exacte, au bon moment, il dépense toute cette énergie. Donc, tout ce qu'on lui donne, jusqu'à satiété, sera consommé et non accumulé.

Un signal naturel

Au chapitre cinq, nous expliquons comment mettre en application, semaine après semaine, cette approche antirégime. Des exercices pratiques vous permettront également de reconnaître clairement votre signal de la faim.

Vous constaterez que la faim est un signal naturel, qui se manifeste graduellement. Au début, il est léger, puis le signal augmente, doucement. Et plus il augmente, moins la faim est agréable, et plus le besoin de nourriture se fait pressant.

Ce n'est pas très élégant, mais pour apprendre à accepter sa légitimité naturelle, on peut le comparer à l'envie d'aller au petit coin. D'abord, on ne remet jamais en question une telle envie. On sait qu'il faut agir, que c'est une demande légitime du corps. On sait aussi que si on n'y répond pas, l'envie ne passera pas, elle va plutôt s'intensifier jusqu'à devenir insoutenable. Habituellement, lorsqu'on se rend jusque-là, IL FAUT aller à la salle de bain. La décision n'est pas prise parce que c'est « la bonne chose à faire », on ne tergiverse pas avant d'agir.

Pour la faim, on devrait réagir de la même façon. Lorsqu'on sent légèrement la faim s'installer, comme un petit creux dans l'estomac, on n'a pas besoin de manger dans les secondes qui suivent, mais on doit chercher une façon de la combler.

Surtout, la faim n'est pas une sensation à endurer si on veut maigrir. C'est le signal qui indique qu'il faut manger et que, si on ne mange pas, le corps va se mettre en mode famine. Certaines personnes, qui écoutent leur faim pour les toutes premières fois en suivant cette approche, blagueront en disant : « Vite, vite, il faut manger, sinon on va engraisser! » Si on a faim, c'est effectivement vrai!

Lorsque la faim se fait sentir et que le repas s'en vient dans peu de temps, on peut attendre un peu et la laisser grandir, pour ensuite bien manger au repas. Mais si le repas n'est pas proche, il faudra prendre une collation pour ne pas laisser le signal de faim dégénérer. La faim doit toujours être un petit vide agréable qui éveille l'envie de bonnes choses, la gourmandise. Ce ne doit pas être une douleur ni un gargouillement qui serait suivi de nausées. Cette sensation est ressentie lorsqu'on est affamé, et il ne faut pas atteindre cet état.

LE MOT DE

GUYLAINE

J'observe, chez certains de mes clients qui sont passés par beaucoup de périodes de privations, que leur faim est parfois de très courte durée et qu'elle évolue ensuite rapidement au stade « affamé », et même au stade suivant, où le corps fait disparaître la faim, par dépit. Si c'est votre cas, je vous conseille de répondre rapidement à votre faim pour ne pas que votre métabolisme se mette au ralenti, en mode famine.

Il est en effet important d'apprendre à différencier une faim normale de la sensation envahissante et affaiblissante d'être affamé. Car lorsqu'on devient affamé, on risque de trop manger.

La satiété

S'il est crucial de manger lorsqu'on a faim, il est aussi crucial d'arrêter lorsqu'on n'a plus faim. Pour plusieurs personnes, ceci peut sembler plus difficile. Et elles n'ont pas tort.

Contrairement au signal de la faim, qui est un signal clair, de survie, celui de satiété est beaucoup plus subtil. En réalité, il s'agit davantage d'une sensation que d'un signal.

C'est le cerveau qui envoie le message. Le processus s'amorce avec l'estomac, qui informe la tête de l'arrivée de nourriture. Le message est ensuite confirmé par les hormones de digestion et les intestins[8,9]. Les sens y contribuent un peu à leur tour et quand ils sont bien remplis de goûts et de parfums, ils en font aussitôt part à la tête pour lui dire qu'ils ont eu ce qu'ils voulaient.

Habituellement, la satiété digestive et la satiété des sens (dont nous parlerons plus loin) se coordonnent pour nous dire que l'on est rassasié sur le plan physique et satisfait sur le plan sensoriel.

Si vous n'avez aucune idée de ce qu'est la satiété, vous devez être patient. Avec le temps, vous la ressentirez et la reconnaîtrez. Au chapitre cinq, des exercices destinés à apprivoiser cette sensation vous aideront. Vous les pratiquerez quand vous serez déjà avancé dans ce processus, qui doit absolument se faire étape par étape.

Pour pouvoir reconnaître la sensation de satiété, il faut tout d'abord ralentir le rythme des repas. Prendre le temps de mastiquer, de savourer, d'être éveillé à ce que l'on est en train de faire. Il faudra aussi supprimer toutes ces idées liées aux régimes, notamment le concept selon lequel on peut manger des aliments minceur en quantité illimitée. C'est faux. Il faut aussi être attentif au signal de satiété quand on mange une belle salade de fruits des champs que lorsqu'on mange un cassoulet.

Et lorsqu'elle arrivera, en réaction au message que le corps a à transmettre, la sensation annoncera : « Tout est beau, il y en a assez pour fonctionner pour un bout de temps. »

Apprendre à reconnaître la satiété se fait graduellement et avec certains efforts, ou plutôt avec une vigilance soutenue. La satiété est une sensation très claire chez certaines personnes, notamment les minces naturels qui ont appris, dès leur naissance, à déchiffrer le langage du corps. Mais pour d'autres, l'impression est subtile, et elles le remarquent essentiellement quand elles constatent la disparition de la faim. Ce n'est pas un signal clair et ce n'est surtout pas la sensation d'être trop plein.

La satiété est une sensation qu'il faut apprendre à reconnaître en faisant fi de l'environnement du repas. Une concentration particulière sera nécessaire, de même que des efforts de renonciation, car souvent on vous servira une portion beaucoup trop grosse pour vos besoins. Il est aussi possible qu'on insiste pour que vous terminiez votre assiette. Et c'est sans parler de vos propres réflexes acquis qui vous inciteront à ne pas gaspiller, à ne pas faire de peine au cuisinier, à ne pas jeter de nourriture digne des occasions spéciales…

L'important au cours de cette période d'adaptation, c'est d'être inflexible. Il faudra que les gens qui vous accompagnent ou vous reçoivent acceptent que votre repas puisse être terminé au quart ou à la moitié de ce qui vous a été servi. Les recherches démontrent de plus en plus clairement[10] que les gens sont influencés à manger davantage quand les portions sont généreuses. Et doit-on rappeler que la croissance du taux d'obésité en Amérique du Nord est parallèle à une augmentation de 30 % des portions servies au restaurant[11]?

Les saveurs sont là pour aider

Lorsque l'on a faim et que l'on mange, on cherche essentielle-ment à faire taire ce signal physique pour parvenir à un état de plénitude, de satiété.

Mais qui dit plénitude ne dit pas seulement estomac plein. Les recherches[12,13,14] révèlent de plus en plus clairement que la satisfaction sensorielle joue un rôle important dans la sensation de satiété.

Nathalie raconte qu'elle s'est un jour brûlé le bout de la langue : « La saveur de tous les aliments était altérée et ils n'avaient pas bon goût. Je terminais mes repas, mais je me sentais toujours insatisfaite, j'avais constamment envie de gri-gnoter, même si j'avais comblé ma faim. Cette expérience m'a vraiment convaincue que je perdrais plus facilement du poids en me nourrissant de mets savoureux plutôt qu'en m'infligeant des aliments sans goût. »

L'absence de plaisir ne comble pas la faim sensorielle, même si les calories nécessaires au fonctionnement du corps ont été consommées. Pour ne pas être amenés à manger au-delà de la satiété, on doit absolument se faire plaisir en mangeant, en choisissant des aliments et des mets que l'on aime.

Au début, il faudra consciemment faire un effort pour savourer ces aliments et ces mets le plus possible, mais par la suite, l'effort sera naturel.

Imaginons un amateur de vin qui se servirait un grand verre de vin dans un verre à eau et qui le boirait en deux gorgées. Ça n'aurait pas de sens. L'amateur procède plutôt en observant la couleur, en humant les arômes, puis il prend une petite gorgée, la fait circuler dans sa bouche tout en aspirant de l'air, et ensuite, après quelques secondes, l'avale. Il doit en être de même pour la nourriture.

Manger est une activité dans laquelle les cinq sens interviennent. Pendant la préparation du repas, on touche les aliments pour évaluer leur fermeté, leur texture... On les regarde, l'odorat dévoile leurs arômes... Lorsqu'ils sont dans la bouche, non seulement les papilles permettent de découvrir leurs saveurs, mais l'ouïe permet de profiter des bruits qu'ils font lorsqu'on les croque! Tous ces indicateurs sont importants. Si on mange un légume cru qui ne craque pas bien, on aura des doutes sur sa fraîcheur...

Dans le chapitre 5, des exercices vous sont proposés pour apprendre à manger lentement afin de profiter des saveurs de chaque aliment. Un peu comme les amateurs de vin apprennent à déguster leur boisson favorite.

Manger est un automatisme, mais si on s'y prête mal, on passe à côté de bien des plaisirs! Qui n'a jamais remarqué, en buvant un verre de jus d'orange d'un trait, qu'il n'a de goût qu'à la toute fin...

Pour mieux goûter, il faut mettre à contribution une partie du palais située au fond de la bouche et appelée le palais mou, en le forçant à se soulever en mastiquant des deux côtés. Cela enverra toutes sortes d'arômes vers le nez, où les terminaisons nerveuses les capteront. Il faut aussi mastiquer longtemps pour laisser le temps aux papilles gustatives de se mettre en action.

Si vous mangez ainsi, tôt ou tard, votre nez sera saturé d'odeurs et ne pourra plus en prendre davantage. Les terminaisons olfactives cesseront de répondre. C'est le phénomène qui se produit lorsqu'on entre dans une pièce et qu'on détecte une odeur et qu'après un certain temps, on ne la sent plus.

Bref, les premières bouchées sont les meilleures; par la suite, le tout s'étiole doucement. Observez ce phénomène lorsque vous mangerez. Le premier carré de chocolat que vous laissez fondre dans votre bouche a un goût beaucoup plus intéressant et détaillé que le quatrième...

Cette disparition graduelle des sensations fait partie du processus qui doit mener vers la fin naturelle du repas. La saturation des papilles et des autres terminaisons nerveuses sera communiquée au cerveau et participera au processus global d'identification de la sensation de satiété.

LE MOT DE

GUYLAINE

Même si les trop grosses portions peuvent vous amener à manger trop, je vous conseille quand même d'éviter de vous servir volontairement de petites portions en vous disant que vous ajusterez ensuite à la hausse. Selon mon expérience, il est beaucoup plus facile de faire l'ajustement à la baisse, à partir d'une portion raisonnable. Je me demande même si, psychologiquement, en voyant une portion trop petite, le cerveau n'a pas tendance à lancer l'alerte à la famine .

Maudites compulsions

Au moment de déterminer si on a assez mangé, il faut tenir compte des comportements acquis et développés à la suite des privations liées, notamment, aux régimes amaigrissants. Pour réapprendre à sentir et à accepter sereinement la vraie satiété, certains devront faire des efforts conscients et soutenus pour déconstruire leurs réflexes, ce qui n'est pas nécessairement facile.

En effet, chez les personnes qui se privent énormément depuis des années, il y a ce qu'on appelle « des phénomènes de compulsion ». En plus de ne pas être toujours accompli pour satisfaire la faim, l'acte de manger déclenche des besoins qui semblent parfois intarissables. Plus on mange, plus on a envie de manger, et aucune sensation de satiété n'apparaît. On a tous déjà entendu quelqu'un dire : « Quand je tombe là-dedans, je n'arrête plus. » Ce phénomène se produit avec toutes sortes d'aliments, autant ceux que la personne croit permis que ceux qu'elle croit interdits.

Dans le cas des aliments permis, la logique est généralement bien simple : on est affamé, alors on en mange jusqu'à se sentir presque douloureusement rempli. On ne se sent même pas coupable. Avec les aliments interdits, le phénomène est différent. La personne aura peur de ne plus jamais y avoir droit et tentera de maximiser son plaisir en en mangeant autant qu'elle le peut. Mais elle mangera le tout tellement vite, qu'elle ratera les trois quarts du plaisir!

Autre phénomène constaté : pour la personne qui se prive, le bris du moindre interdit déclenche une levée générale de l'ensemble des interdits. Comme si, dès qu'une brèche était faite dans le barrage, toutes les autres digues sautaient elles aussi, d'un seul coup. Il suffit donc de manger une petite chose perçue comme « engraissante » au début du repas et vlan! Toute juste mesure sera perdue. Adieu, satiété[15].

Aussi, lorsqu'elles craquent, les personnes qui se privent constamment ont tendance à voir leur plaisir augmenter au fur et à mesure qu'elles mangent l'aliment interdit ou « engraissant », que ce soit un gigot d'agneau ou un *sundae* au chocolat. Cette croissance du plaisir contribue à la consommation excessive de l'aliment « engraissant » et à la conviction que toute consommation de tels aliments ne peut mener qu'à un gain de poids. Mais les recherches[16,17] révèlent qu'une fois que ces personnes arrêtent de se priver, leur appréciation des aliments interdits reprend la même courbe que celle des minces naturels, soit une diminution graduelle du plaisir dès la première bouchée.

Bref, les recherches font amplement la preuve que la restriction joue un rôle clé dans le développement des troubles alimentaires. Par conséquent, il est primordial de cesser les privations pour réapprendre à se détacher par rapport à tous les aliments.

Le but ultime est d'être capable d'en manger un peu, d'en profiter pleinement et de s'arrêter ensuite. Pour y arriver, il faudra plonger et manger des aliments interdits, ce qui fera peur à bien des gens convaincus que ces aliments les feront grossir. Mais cette étape est essentielle.

En laisser dans l'assiette...

Pour plusieurs personnes, il est difficile d'admettre que la satiété est atteinte quand elles n'ont pas terminé leur assiette. Cela sera peut-être dû aux interdits, mais c'est possiblement aussi une question d'éducation.

Nos parents nous ont appris à tout manger, à ne pas gaspiller, pour toutes sortes de raisons. On nous a répété que les enfants en Somalie n'avaient rien à manger et qu'ils seraient bien contents d'avoir notre chance devant tant de nourriture. On nous a rappelé que grand-maman, durant la guerre, avait souffert de la faim.

Toutes ces tragédies sont réelles et ne doivent pas être dénigrées ou minimisées. Il est vrai que, même aujourd'hui, des gens manquent de nourriture. Oui, on a de la chance d'avoir accès à tous ces aliments. Mais il faut être lucide : ce n'est pas en mangeant trois bouchées de plus pour finir une assiette que l'on participe à régler les problèmes de malnutrition en Afrique. Il y a toutes sortes d'autres façons d'aider les enfants somaliens, nigériens ou soudanais. Finir son assiette, dans sa maison en Amérique du Nord, n'en est pas une.

Ce qui ne veut pas dire que le gaspillage est une bonne chose. Mais on ne pourra jamais éviter complètement d'en faire. Les yeux ne sont pas des outils fiables lorsque le temps est venu de mesurer ses besoins en nourriture. Ceux qui mangent vraiment beaucoup vont apprendre avec le temps à ajuster visuellement la taille de leurs portions. Mais il est impossible de prévoir, à quelques bouchées près, ce dont on a besoin. On ne peut donc pas éliminer, réellement et complètement, quelques surplus.

Pourquoi ne pas procéder comme dans certaines familles européennes et asiatiques en laissant les convives se servir eux-mêmes et choisir ainsi la taille de leurs portions? Chaque individu a une idée de son appétit et peut ajuster à quelques bouchées près la quantité qu'il lui faut. Mais cette technique n'est pas infaillible.

LE MOT DE

MARIE-CLAUDE

Au restaurant, bien souvent les portions sont trop grosses. Aux États-Unis, il y a une pratique appelée *doggie bag* – que l'Office de la langue française aimerait qu'on appelle « emporte-restes » – qui répond à ce problème. On demande au serveur d'emballer ce qui reste dans l'assiette et on le rapporte à la maison. C'est une pratique courante qui n'est pas encore très ancrée ici, mais elle s'installe de plus en plus. Et ainsi, pas besoin de cuisiner au prochain repas. Le dîner est déjà prêt!

Évidemment, il faudra aussi vous faire à l'idée de ne pas toujours terminer votre assiette lorsque vous êtes invité chez des gens. Et même parfois chez les gens qui vous ont appris à toujours terminer votre assiette....

La chose la plus difficile bien souvent dans cette situation est de faire face à votre propre sentiment de culpabilité. Vous avez peur de faire de la peine. Mais il faut vous poser la question : ai-je envie de trop manger?

Vous serez surpris de constater que bien des gens respectent l'idée que vous n'avez plus faim. Ceci ne veut pas dire qu'eux-mêmes écoutent leur faim. N'ayez donc pas peur de le dire : « Merci. C'était délicieux, mais je n'ai plus faim. » C'est tout à fait légitime!

Alcool et satiété

Comme il n'y a aucun aliment d'interdit dans cette approche, l'alcool est aussi permis. Mais avec quelques bémols qui n'ont rien à voir avec la quantité de calories qu'une bière ou un verre de vin contient.

Lorsque l'on consomme de l'alcool une heure ou moins avant un repas, cela peut avoir un impact sur la capacité de percevoir la satiété, car les calories contenues dans l'alcool ne sont pas « comptabilisées » par le corps comme le sont celles des autres boissons et des aliments[18]. En d'autres mots, on n'ajuste pas notre repas pour inclure le fait qu'on a bu des calories sous forme de vin ou autre boisson.

Cet effet de l'alcool est cependant temporaire et ne dure qu'une heure suivant la consommation.

Il est évident que le vin, la bière et toute autre boisson alcoolisée font partie des plaisirs de la vie. Il n'est donc pas question de vous dire de tout arrêter. Sauf que vous risquez de manger au-delà de vos besoins lors des repas accompagnés d'alcool.

Il est moins possible de vous fier au signal de satiété durant les repas avec alcool. Vous risquez de l'attendre indéfiniment! Vous devez donc arrêter de façon plus rationnelle. Mais, si vous écoutez bien votre faim et votre satiété, le lendemain, votre corps ajustera ses besoins d'énergie en conséquence.

Il ne faudra pas vous surprendre d'avoir moins d'appétit le jour suivant. Si votre corps demande peu de choses, mangez peu de choses. Même si ça vous semble trop peu, rationnellement. Écoutez votre faim et votre satiété.

Peut-être aurez-vous envie d'arrêter l'alcool durant la mise en œuvre de cette approche antirégime afin de ne pas compromettre la perte de poids. Posez-vous la question suivante : « Vais-je arrêter pour le reste de ma vie? »

Si la réponse est non, vous devez apprendre à intégrer ce plaisir dans votre alimentation, en vous ajustant selon ce que votre corps vous dira. Autrement, votre perte de poids se fera sur des bases irréalistes.

N'ayez pas peur du verre de vin qui vous fait tant plaisir. Le lendemain, votre corps va mettre son compte d'énergie à jour et ajuster ses besoins en conséquence. Et vous pourrez ainsi poursuivre votre objectif de perte de poids ou de maintien, tout en profitant pleinement de repas savoureux.

Affamé : mauvaise idée

Autant la faim est un signal sain et agréable, puisqu'elle ouvre la voie au plaisir de la table, autant la sensation d'être affamé est désagréable et néfaste.

Le corps réagit fortement au manque de nourriture. Chaque fois qu'il envoie le signal de la faim, il s'attend à recevoir de l'énergie. Si on est trop occupé pour le nourrir ou si on décide de ne pas le nourrir à la hauteur de ses besoins (à cause d'un régime amaigrissant ou de crainte d'engraisser, par exemple), il réagira comme s'il était en situation de famine.

Si on a faim et que l'on mange dans la demi-heure qui suit, le corps va nous envoyer un signal lorsqu'il voudra qu'on arrête. Il enverra le signal de satiété pour dire : « OK, tu peux arrêter, j'en ai assez. » C'est à ce moment que l'on se sent rassasié.

Comme le corps est précis et naturellement bien programmé, tout ce que l'on aura mangé entre le début de ce repas déclenché par la faim et la fin de ce repas annoncée par le signal de satiété sera utilisé par le corps pour sa dépense d'énergie. Il ne mettra rien en réserve pour les jours de vaches maigres.

Par contre, si on attend plus d'une heure (parfois moins pour les personnes qui se privent souvent ou qui écoutent rarement leur signal) après le début de la faim ou si on limite sa consommation d'aliments, on se retrouvera, tôt ou tard, affamé.

Mais lorsqu'on mange et qu'on est affamé, on a tendance à se jeter sur la nourriture et on l'avale très vite. On engloutit des choses sans réfléchir. On revient du travail affamé, on ouvre le frigo, on grignote ceci et cela pour calmer sa faim et on perd le sens des quantités. En deux minutes, on a mangé trois tranches de jambon, quatre craquelins avec du cheddar et une demi-tasse d'arachides... Et après, on arrive à table en n'ayant plus vraiment faim, mais on mange quand même sans réaliser qu'on est vraiment trop plein.

Lorsqu'on est affamé, les repères qui nous disent combien de nourriture il faut manger font défaut. Et quand on a à ce point faim, on dévore sans goûter les choses. Il y a donc absence même du plaisir de manger. On ne pense qu'à faire cesser rapidement cette sensation désagréable qu'est la faim aiguë.

LE MOT DE

GUYLAINE

En parlant avec les gens de leur sensation de faim, j'ai constaté que les gens confondent fréquemment la sensation d'être affamé à la faim elle-même. Vous devez savoir que la vraie faim est plutôt délicate et agréable, et qu'elle est une incitation invitante à manger.

Lorsque l'état affamé nous transforme en estomac sans fond, c'est que le corps pensait qu'il était en danger de famine. Alors, il a supprimé le signal de satiété dans le but d'emmagasiner le plus de réserves possible, en prévision des durs moments qui semblent imminents.

Mais ce n'est pas tout. Au lieu de prendre cette dose de calories et de la dépenser allègrement, le corps va mettre le pied sur le frein, craignant la famine, et réduire ses dépenses d'énergie en prévision, là encore, des durs jours à venir. Il a peur de manquer une fois de plus de nourriture. Le corps possède une incroyable capacité d'adaptation devant ces soubresauts auxquels on le soumet.

En réalité, il fait ce que l'on ferait si soudainement nos revenus dégringolaient pour une période indéterminée : on réduirait les dépenses, on essaierait de ne pas toucher aux réserves. On demeurerait prudent, car on s'est déjà fait prendre une fois...

À force d'être affamé et de ne pas être nourri suffisamment, le corps peut, par dépit, décider de ne plus envoyer du tout le signal de la faim. « À quoi bon, se dit-il, puisque la nourriture ne vient pas. » Les personnes au régime ont tendance à croire que c'est une bonne chose. La faim les a quittées! Fini le harcèlement alimentaire!

Mais lorsque le corps en est rendu là, c'est qu'il est en mode famine et qu'il fait tout en son pouvoir pour nous sauver la vie. Il n'a qu'une idée : ne pas dépenser davantage d'énergie qu'il en reçoit pour ne pas mourir. Même si ça ne paraît pas nécessairement, il est en mode de crise. Il se concentre sur le maintien de ses fonctions vitales. Il est patient... Jusqu'à ce que la famine soit terminée.

Et quand la nourriture est de nouveau disponible, que fait-il? Il conserve son rythme ralenti pour refaire sa réserve de graisse. Il voudra également manger le plus possible.

Pour éviter de se placer dans une telle situation, il faut donc rassurer son corps en le nourrissant, c'est-à-dire en lui donnant régulièrement des aliments, dès qu'il en demande (quand il envoie un signal de faim), et autant qu'il en veut, donc jusqu'à ce qu'on se sente rassasié.

Pour certaines personnes, ça signifie qu'il faudra prendre des collations entre les repas.

Ceci peut sembler à l'encontre des croyances de bien de gens, qui pensent qu'être affamé est nécessaire à la perte de poids et que manger entre les repas est l'une des meilleures façons d'en prendre.

Ce qui fait prendre du poids, c'est manger entre les repas quand on n'a PAS faim. Se commander un *pop corn* au cinéma parce que c'est dans nos habitudes, même si on n'a pas faim, en est un exemple. Ou engloutir par politesse ou par nervosité les biscuits qui sont servis durant une réunion alors qu'on sort de table et que notre faim a été assouvie! C'est aussi manger par ennui, durant la soirée, alors qu'on est encore rassasié du souper. Voilà le grignotage qui fait grossir. Pas la collation qui répond à une vraie faim.

Les fausses faims

Avant de manger, il faut toujours se demander si on a faim. Et quand on a faim, il faut toujours manger. C'est la base du contrôle de son poids.

Mais beaucoup de personnes ont oublié comment gérer leur alimentation en écoutant leur faim, si bien qu'elles reconnaissent difficilement ce besoin de nourriture qu'éprouve le corps.

Mise à part la vraie faim, ce creux agréable qui se fait sentir et éveille les papilles lorsque le corps commence à avoir besoin de nourriture, on peut avoir une envie de manger ou carrément une fausse faim.

L'envie de manger est facile à reconnaître. Elle n'a pas de composante physique. On mange parce qu'on en a envie. Parce qu'on s'ennuie, qu'on a de la peine, qu'on est fâché. On n'a pas besoin, physiquement, de se mettre quelque chose sous la dent. Mais on recherche le plaisir que la nourriture nous apporte, pour régler le problème en question.

Pour ne pas répondre à cet appel, il faut se sortir de la situation qui l'a provoquée. On s'éloigne de la nourriture, on s'achète un magazine plutôt qu'une tablette de chocolat, on joue avec ses enfants, ou on appelle une amie plutôt que se commander une pizza. Si la faim n'est pas physique, il devrait être relativement facile de ne pas manger. Surtout si on sait qu'on aura le droit de manger ce qu'on veut plus tard, quand la faim sera au rendez-vous.

Parfois, les problèmes sont plus profonds et plus difficiles à régler, et il est nécessaire d'avoir recours à de l'aide professionnelle pour dénouer les raisons de ces envies de manger. Tout dépend de chacun.

La fausse faim est plus difficile à détecter que l'envie de manger. Car c'est carrément un signe physique qui ressemble à de la faim, mais qui n'en est pas.

MARIE-CLAUDE

J'ai très clairement compris le concept de fausse faim le jour où j'étais devant mon écran, incapable de synchroniser mon iPod avec la bibliothèque musicale de mon ordinateur. Ce genre de confrontation avec une machine me rend furieuse et chaque fois... me donne faim! Le même creux typique, le même sentiment de vide qu'il faut remplir...

Comme Guylaine m'avait parlé de ces fausses faims, j'ai décidé de faire le test et d'aller faire autre chose et laisser passer la frustration. Résultat : la sensation de faim est carrément disparue. Je me suis calmée. Et j'ai pu rétablir, plus tard, la communication entre les deux machines...

La colère et la frustration qui découlent des embûches quotidiennes, petites et grandes, peuvent déclencher cette sensation physique. Pour savoir si on est en proie à une fausse faim, il faut essayer de désamorcer le problème. Il faut se lever et faire autre chose, comme parler à quelqu'un, donner un coup de fil, jouer à un jeu sur son portable, sortir respirer un peu d'air, surfer sur Internet... On doit simplement prendre le temps de se calmer en se faisant plaisir autrement qu'en mangeant. On verra alors si la faim était réelle. Si c'était une faim réelle, elle aura augmenté. Si elle ne l'était pas, elle aura vite disparu.

Parfois, les sources des fausses faims sont plus difficiles à déceler. Une relation conflictuelle avec un parent ou un collègue, une peine intarissable qui revient se manifester ainsi, une peur, une source d'angoisse...

Lorsque l'on prend le temps de s'arrêter pour prendre conscience d'un problème, il est fascinant de constater que la solution s'impose d'elle-même, facilement. Souvent on mange par habitude, sans même penser à se poser de questions sur sa faim.

Dans bien des cas, il suffit d'exprimer les émotions qui provoquent sa faim ou de partager ses impressions sur le phénomène avec les autres pour désamorcer le problème. Il faut faire preuve d'autodérision, d'humilité, d'ouverture vers les autres. Vouloir être parfait, rend plus imparfait.

Évidemment, si la faim provoquée par la frustration ou la colère découle d'une confrontation avec d'autres personnes, la solution peut être plus délicate. Mais là encore, il faut prendre les moyens de régler ces frustrations, car si à cause d'elles on mange trop, elles sont peut-être l'un des nœuds à la racine du surpoids. Certaines choses méritent d'être clarifiées et exprimées.

Si une situation nous fait manger, ce n'est surtout pas sans importance. Les émotions qui restent coincées s'autoalimentent dans bien des cas et prennent des proportions aggravantes. Le corps n'est pas fait pour accumuler ce stress.

Parfois, l'éducation qu'on a reçue ou le jugement qu'on porte sur soi, empêchent les émotions de prendre leur place. Certains détestent peut-être les voir s'exprimer librement. Mais est-ce réellement une bonne idée de manger au lieu de pleurer et d'aller chercher du réconfort? On nous a dit que crier était inacceptable? On a peur d'avoir l'air d'un hystérique? On craint de perdre le contrôle? Est-ce mieux d'aller engloutir trois beignes?

Ce regard sur les raisons réelles des fausses faims ou des envies de manger qui ne sont pas reliées à la faim sera parfois douloureux et difficile. Il faudra faire beaucoup d'introspection. Mais le jeu en vaut la chandelle, car si vous ne savez pas ce qui vous pousse à manger sans faim réelle, il vous sera impossible de réussir votre démarche de perte de poids.

EN RÉSUMÉ

- La faim est un signal naturel et légitime qu'on ne devrait pas avoir le choix de satisfaire.

- Refuser de manger jusqu'à en être affamé fait grossir : cela nous amène bien souvent à nous ruer sur la nourriture et à manger sans limite.

- Le fait d'être affamé peut donner l'impression au corps qu'il doit se préparer à une famine et mettre le métabolisme au ralenti.

- Les personnes qui ont un surpoids doivent pour la plupart réapprendre à ressentir la sensation de satiété.

- Manger ce qu'on aime et le savourer pleinement contribue au rassasiement.

- L'envie de manger n'est pas la faim.

- De fausses faims déclenchées par des émotions fortes ou d'autres situations de stress peuvent donner l'impression erronée qu'on doit manger. Il faut les reconnaître.

Sophie Durocher
Mince à vie

L'animatrice Sophie Durocher n'a jamais suivi le moindre régime amaigrissant de toute sa vie. À 40 ans, elle pèse exactement la même chose qu'à 25 ans, ce qui est un petit peu plus que lorsqu'elle était ado. « Une chance, dit-elle. Parce que j'étais vraiment trop maigre! »

Sophie mange tout ce qu'elle veut, quand elle le veut : « J'adore la bouffe. Je suis tout le temps au restaurant. Je suis toujours en train de goûter aux assiettes des autres car je veux tout essayer. Pour moi, manger, c'est réellement un plaisir. Je mange pour le trip. »

Dans la vie alimentaire de cette grande mince naturelle, il n'y a pas d'interdit. Parlez-lui d'un restaurant, et il y a de bonnes chances qu'elle puisse nommer ses plats préférés sur le menu. Les cailles rôties du Khyber Pass, le *grill-cheese* aux poires et au vieux cheddar du restaurant Sur Bleury…

Son dada? Les pâtes. « Je pourrais en manger midi, matin et soir. Ça et les saveur internationales. »

Mais l'animatrice d'Espace Musique, la chaîne culturelle de Radio-Canada, ne mange jamais des quantités gargantuesques de nourriture, même celles qu'elle adore. « Je mange quand j'ai faim. J'arrête quand je n'ai plus faim. Ça résume pas mal ma façon de faire. »

Enfant, Sophie ne mangeait pas beaucoup et elle était très menue. Pour la convaincre de manger, sa maman cordon bleu lui cuisinait ses plats préférés. Encore aujourd'hui, elle salive en pensant à ces lasagnes maternelles. « Mais même si j'avais un appétit d'oiseau, on ne me forçait jamais à manger, dit-elle. Sauf qu'à la maison, il y avait toujours de bonnes choses. »

Sophie cuisine peu. Mais elle mange au restaurant très souvent. Et régulièrement, on lui demande comment elle fait pour ne pas prendre de kilos en mangeant si souvent à l'extérieur : « J'arrête quand je n'ai plus faim! C'est vrai que les portions des restaurants, surtout aux États-Unis, sont souvent exagérées. Mais on n'a pas besoin de tout manger. Par exemple, si je sais que les plats principaux sont énormes, je ne prends pas d'entrée. C'est tout. Lorsqu'on aime quelque chose, ce n'est pas nécessaire d'en manger quatre fois trop! »

Pour Sophie, manger est une activité en soi. Jamais elle ne mangerait devant la télévision ou debout sur le coin d'un comptoir. Et elle a grandi dans une famille où le repas familial était central, où tout le monde devait être assis à table, pour parler : « Pour moi, la nourriture est un objet de conversation en soi. On ne peut pas échanger sur un plat si on est en train de faire autre chose. »

Les collations ne font pas partie de la vie de Sophie. « Entre les repas, c'est très rare que j'aie faim », dit-elle. Enfant non plus, elle n'avait pas l'habitude de manger entre les repas : « Mais j'habitais en France et en rentrant de l'école, au milieu de l'après-midi, on prenait vraiment un gros goûter, ce qui nous permettait de souper plus tard, toujours assis à table avec les parents. Parce que le repas, c'était vraiment un moment important. »

chapitre 5 Prêt à commencer?

Comment pouvez-vous, de façon pratico-pratique, adopter l'approche proposée dans ce livre? Comment savoir que vous avez faim, que vous n'avez plus faim? Comment réapprendre à entendre et à écouter votre signal de faim et votre sensation de satiété?

Ce chapitre vous propose un programme extrêmement souple, qui se déroule par blocs de deux semaines. Chaque bloc contient de véritables exercices qui vous permettront d'aiguiller votre démarche. Il sera question de petits-déjeuners, de dîners et de soupers, mais si vous avez un horaire atypique, dites-vous qu'il s'agit du « premier repas de la journée », du « deuxième repas de la journée », et ainsi de suite.

Il est important de suivre le programme tel que décrit, en respectant les périodes de deux semaines et en ne cherchant pas à accélérer indûment le processus. Il est possible que vous deviez prolonger les blocs pour vous assurer de bien maîtriser ce qui est demandé.

Tout va très vite dans la société actuelle. Mais avec cette approche, vous n'avez pas le choix d'aller à la vitesse de votre corps et d'attendre que les concepts soient bien compris et intégrés dans votre quotidien. Vous allez réaliser avec le temps que cette approche, une fois bien assimilée, est en fait très flexible. Si, un soir, vous mangez plus qu'à l'habitude, le lendemain, vous aurez tout simplement moins faim et vous ne verrez pas de kilos s'ajouter sur le pèse-personne. Le corps a une marge de manœuvre avec laquelle il peut jouer, mais en premier lieu, il vous faudra trouver vos repères et apprendre à reconnaître le langage de votre corps.

S'il ne suffisait que de comprendre avec sa tête ce que sont la faim et la satiété, il y a longtemps que tout le monde aurait adopté cette approche du bon sens et que la population serait revenue à son poids génétique. Car il n'est pas difficile de comprendre ce qu'est manger quand on a faim et arrêter quand on n'a plus faim.

Mais encore faut-il être capable de mettre ces principes en application! Cette approche d'apparence ultra-simple demande en fait beaucoup d'attention et d'efforts.

Réapprendre à manger à sa faim est un entraînement qui s'accomplit comme un entraînement sportif : d'abord, on apprend des concepts, et après, on essaie de les mettre en pratique, comme le skieur de course qui tente de prendre les virages comme son entraîneur le lui a expliqué, ou la gymnaste qui se lance pour la première fois dans une pirouette qu'elle a vu exécuter par quelqu'un.

Que faut-il alors? De la persévérance, de la répétition, de la patience, des essais, des erreurs, et de nouveau de l'effort...

En revanche, avec la faim, vous avez une bonne longueur d'avance : ce n'est pas complètement nouveau. Votre corps sait ce qu'est la faim. Il l'a peut-être oubliée, mais fondamentalement, il a une bonne idée de ce qu'elle est. Vous n'avez donc pas à apprendre quelque chose d'inédit, simplement à vous le rappeler. C'est déjà un grand pas de fait.

LE MOT DE

GUYLAINE

Certains de mes clients perdent du poids dès les premières semaines. D'autres prennent de un demi à un kilo maximum au début, avant de commencer à maigrir. Il y en a aussi qui restent stables et qui fondent ensuite, au bout de deux ou trois mois... Un de mes clients a récemment perdu sept kilos après avoir stagné pendant huit mois. Une autre a perdu près de cinq kilos après être restée coincée au même poids pendant un an. Le rythme de la perte de poids est très varié et diffère réellement selon les individus. Mais sachez que la persévérance paie. Je le constate régulièrement.

1er BLOC

Semaines 1 et 2

Le programme prescrit pour ces deux premières semaines doit être bien respecté, histoire de mettre l'approche en marche. Plus tard dans le processus, la méthode gagnera en flexibilité et s'adaptera aux appétits et aux besoins de chacun. Mais au début, il est crucial de suivre les directives.

Une note pour ceux qui croient déjà bien savoir quand ils ont faim : il est impératif de suivre quand même le programme à la lettre pour apprendre à faire la différence entre « avoir faim » – un signal relativement agréable, qui peut avoir été émoussé après des années de privations conscientes ou inconscientes – et « être affamé », une sensation aiguë et inconfortable d'urgence susceptible de vous mener à des excès.

1. Réveil

Ne vous pesez pas au réveil. Une lecture de poids matinale quotidienne fait dévier les comportements en fournissant de l'information qui n'est pas pertinente.

Les variations quotidiennes de votre poids, qu'elles soient à la hausse ou à la baisse, ne sont pas des indicateurs valables dans le cadre d'un processus de perte de poids à long terme. Elles envoient des signaux qui faussent les perceptions de ce qui se passe dans votre corps.

Consciemment ou inconsciemment, une hausse du poids, même minime, peut mener à des restrictions non justifiées ou à une déprime qui n'a pas de raison d'être.

Une perte de poids, en revanche, peut inconsciemment provoquer un relâchement de la vigilance par rapport aux signaux de satiété…

Et c'est sans parler des pèse-personnes défectueux ou imprécis qui envoient des messages totalement erronés…

2. Petit-déjeuner

Mangez dans l'heure qui suit le réveil.

Au début du processus, il se peut que vous n'ayez pas une grosse faim en vous levant, peut-être parce que vous aurez trop mangé au souper, la veille (surtout si vous avez l'habitude de vous priver toute la journée et d'arriver affamé à la maison, le soir), ou parce que vous avez pris l'habitude de boire du café ou de fumer une cigarette, deux stimulants qui suppriment la sensation de la faim ou parce que, pour vous, ne pas manger le matin vous fait absorber moins de calories.

Mais il faut mettre la machine en marche.

Pour le choix des aliments, fiez-vous à votre goût. Adieu, céréales au goût de foin qui vous dépriment, produits laitiers trop maigres et autre faux beurre. Vous mangez ce qui vous fait plaisir, que ce soit des fruits frais, un morceau d'emmenthal ou une tartine de pain de campagne au beurre d'érable.

Peut-être êtes-vous incapable de manger le matin. Si c'est le cas, vous pouvez boire quelque chose qui contient des protéines, comme du yaourt à boire, du lait, du lait au chocolat, un bon café au lait. Vous pouvez aussi vous préparer un lait frappé en mettant des fruits, du lait et du yaourt, si vous le voulez, dans le mélangeur. Il est important que cette boisson contienne des protéines, donc les jus ou les fruits seuls ne sont pas suffisants car ils ne sont pas assez soutenants. Le but n'est pas de vous faire manger toutes les demi-heures. Si vous ne prenez qu'un jus, vous risquez d'avoir faim très rapidement. Vous vous direz que vous ne pouvez avoir faim puisque vous venez de prendre quelque chose.

Note

Une note pour les personnes qui ont pris l'habitude de sauter le petit-déjeuner parce qu'elles ont l'impression que ce repas leur ouvre l'appétit et leur donne faim toute la matinée : il est temps de vous réconcilier avec le petit-déjeuner, votre mauvaise habitude vous fait probablement engraisser!

Sauter le petit-déjeuner met votre métabolisme en mode famine. En d'autres mots, si vous avez pris l'habitude de ne pas manger le matin pour éviter d'avoir faim toute la matinée, et ainsi éviter des calories, vous avez réussi à convaincre votre corps de fonctionner au ralenti – donc de brûler le moins de calories possible, soit l'inverse du but recherché – en attendant le prochain repas. En mangeant, vous lui envoyez plutôt le signal qu'il peut se mettre à fonctionner normalement – donc de recommencer à brûler l'énergie normalement – car il sera alimenté. C'est pour cette raison que la faim se fait sentir plus tard, pour une collation. Lorsque vous ne le nourrissez pas, votre métabolisme brûle peu d'énergie, et inversement, lorsque vous le nourrissez bien, il en brûle et demande à être rechargé.

3. Première collation

Au milieu de la matinée, environ trois heures après le petit-déjeuner, c'est l'heure de la collation. Ce petit repas doit vous permettre de fonctionner jusqu'à midi, aussi il doit être nutritif. Comment choisir cette collation?

D'abord, en favorisant des aliments que vous aimez.

Ensuite, privilégiez des aliments qui vont vous soutenir pendant quelques heures. Les fameuses crudités si souvent recommandées dans les régimes, les galettes de riz ou même un simple fruit ne sont pas des options valables, car elles ne permettent pas de tenir le coup longtemps.

Pensez plutôt à des aliments comme des noix, une tartine au beurre d'arachides, du pain et du fromage, ou des barres tendres. Et pourquoi pas une petite salade bocconcini-tomates ou quelques tranches de jambon? Pensez à la fois aux protéines et aux glucides. Évidemment, certains privilégieront le bon vieux yaourt. Mais c'est le temps de redécouvrir le yaourt au lait complet. Oubliez les yaourts au lait écrémé (0 % de matières grasses). En plus d'être moins savoureux, ils ne sont pas assez nutritifs.

En début de processus, les collations sont obligatoires. L'objectif est d'éviter à tout prix d'arriver affamé à l'heure du dîner. Éventuellement, quand votre signal de faim sera plus clair, il y aura davantage de place pour une évaluation personnelle de vos besoins nutritifs. Mais pour le moment, mangez vos collations et profitez-en.

LE MOT DE

GUYLAINE

Les gens sont souvent sceptiques devant les collations. Après tout, on a tellement entendu dire que la clé de la minceur était de ne pas manger entre les repas. Mais ces collations sont un outil précieux pour perdre du poids, car d'arriver affamé à un repas est la meilleure façon de trop manger. Mes clients me disent régulièrement que le soir, ils mangent dès qu'ils mettent le pied dans la maison et ils ont l'impression de ne plus avoir de fond. Mais lorsqu'ils ajoutent les collations du matin et de l'après-midi, ils constatent rapidement que ce phénomène ne se produit plus et qu'ils ne sont plus affamés en fin de journée, au moment de préparer le souper.

4. Dîner

Au dîner, choisissez un plat qui vous plaît et qui vous soutiendra, que ce soit de la viande avec des légumes, une assiette de pâtes ou des sushis, peu importe. L'important, c'est de ne pas choisir les plats en fonction de critères de santé ou de minceur, justement. La quantité de calories ne sera pas déterminée par le type d'aliments choisi, mais par le format de la portion. Et la taille de cette portion sera dictée non pas par un livre, un programme d'amaigrissement ou un spécialiste dans un bureau quelque part, mais par le corps, lorsqu'il envoie des signaux de satiété.

Pour les deux premières semaines du programme, il est recommandé de laisser l'équivalent de quelques bouchées dans l'assiette. Ceux qui mangent au restaurant devront même en laisser davantage, soit environ le quart de leur plat. Le but de cet exercice est non seulement d'apprendre à diminuer les quantités de nourriture que vous mangez (et qui ont de bonnes chances d'être trop copieuses si vous traînez des kilos en trop), mais aussi de vous habituer, psychologiquement, à voir des restants dans l'assiette. Il s'agit d'une étape importante du processus. Une bonne partie des quantités non nécessaires de nourriture que vous ingurgitez, celles qui sont donc responsables des kilos en trop, sont constituées de toutes ces petites bouchées que vous mangez lorsque vous n'avez plus faim, notamment pour « finir » votre assiette. Il faut vous assurer de ne pas oublier, à tous ces repas, d'en laisser dans l'assiette.

Briser une habitude qu'on nous a inculquée dès l'enfance, comme celle de toujours finir notre assiette, peut prendre du temps. Il faut se faire à l'idée, psychologiquement parlant. Les personnes qui sont allergiques au gaspillage de nourriture devront s'organiser pour conserver les restes en éliminant tout danger de contamination.

La contamination alimentaire

Les personnes qui n'aiment pas jeter la nourriture qu'elles laissent dans leur assiette voudront peut-être la garder pour un autre repas. Pour conserver les restes de façon sécuritaire, il faut cependant respecter certains principes.

Les bactéries sont des êtres vivants qui se développent dans un milieu humide et chaud. Pour en éviter la multiplication, il faut maintenir les aliments à l'extérieur de la zone de danger, qui se situe entre 4 °C et 60 °C. Il est donc important après un repas de séparer les aliments dans de petits contenants et de les placer au réfrigérateur. La division des aliments en petites quantités est préférable, car elle permet un refroidissement plus rapide, ce qui stoppe la prolifération des bactéries présentes dans les aliments.

Si, avant de servir les restes, on les réchauffe à plus de 60 °C, on réduit encore plus le risque de contamination.

Note

Ceux qui ne mangent pas assez

Certaines personnes, éternellement au régime, mangent trop peu le midi et contribuent ainsi à perpétuer le mode famine qui fait fonctionner le métabolisme au ralenti pendant la journée. Comment savoir si vous êtes de ceux et celles qui ne mangent pas assez?

Si vous vous contentez uniquement d'un repas surgelé industriel ou d'une grosse salade presque uniquement composée de légumes « avec la vinaigrette à côté »…

Si vous avez l'impression que votre souper finit toujours par être beaucoup plus copieux que votre dîner…

Si vous avez constamment faim une heure environ après avoir terminé votre repas...

Si vous avez l'impression de n'avoir « pas de fond » durant la soirée et que vous mangez jusqu'au coucher...

...c'est probablement parce que vous ne mangez pas assez le midi. Vous devrez alors, fort probablement, augmenter un peu la grosseur de votre repas si vous voulez avoir l'énergie nécessaire pour bien fonctionner en après-midi et manger normalement en soirée. Pensez à ajouter un yaourt (mais pas avec 0 % de matières grasses!) en guise de dessert à votre repas, ou alors un bon fruit avec un verre de lait, ou bien deux biscuits...

5. Deuxième collation

Environ trois heures après le dîner, c'est le temps de la collation. Durant les premières semaines, ces collations doivent absolument être prises. Comme pour la collation de la matinée, choisissez des aliments nourrissants, donc pas uniquement un fruit ou des crudités. Vous pouvez choisir ce qui vous plaît, que ce soit un fruit et des amandes ou une part de gâteau aux carottes. Une fois de plus, il est important de ne pas faire un choix intellectuel dicté par ce que vous pensez être les principes de l'alimentation santé ou minceur. Si vous choisissez, par exemple, de ne manger que quelques carottes crues tandis qu'il reste plusieurs heures avant le souper, vous risquez d'arriver à table affamé et de vous ruer alors sur la nourriture. Ceci ne vous aide pas.

Il est crucial de faire disparaître les fringales folles associées aux privations. Profitez des collations, notamment pour réapprivoiser doucement les aliments que vous vous êtes interdits pendant des mois, voire des années. C'est en apprenant à manger de petites quantités d'aliments autrefois bannis que vous finirez par réaliser qu'ils ne sont pas coupables de vous faire grossir. Vous constate-

rez même qu'il est possible de perdre du poids en les savourant à la mesure de votre appétit.

6. Souper

Comme pour le dîner, choisissez des aliments qui vous plaisent. Servez-vous une portion normale en prenant soin de ne pas vous resservir et même de laisser quelques bouchées dans l'assiette. Laissez même le quart de votre assiette si vous mangez au restaurant. Et si vous craignez d'avoir faim en soirée, il faut vous rassurer : vous pourrez prendre une collation!

7. Collation du soir

Pour certaines personnes, aller au lit avec une sensation de faim est le comble de la discipline. Or, il n'y a aucune raison pour qu'il en soit ainsi. Si prendre une collation ou simplement un verre de lait avant de dormir apaise un signal de faim et permet de mieux dormir, pourquoi s'en priver?

Rappelez-vous, le corps ne se trompe jamais sur ses besoins. Si vous avez faim, c'est que votre corps a évalué qu'il avait besoin de plus d'énergie pour passer la nuit. Le souper est le dernier repas avant une longue période de jeûne. On croit souvent à tort qu'on ne devrait pas manger beaucoup le soir parce qu'on va « simplement » dormir. Un instant! Le cœur continue de battre, la pression ne tombe pas à zéro, le système immunitaire continue son rôle de protecteur. Et tout cela, sans le moindre apport en énergie parce que l'on dort. Donc, si vous avez faim avant d'aller au lit, il faut manger.

EN RÉSUMÉ

- Mangez des collations.
- Laissez quelques bouchées dans l'assiette.

SEMAINES 3 ET 4

C'est le temps de faire un exercice pour apprendre ce qu'est la faim, comment elle se manifeste et en quoi elle est différente de la sensation d'être affamé. Choisissez une journée où votre matinée est libre, donc le week-end si possible. Il suffit uniquement d'avoir trois heures devant vous, à la maison, le matin.

Cet exercice permet aussi de vérifier si la portion de votre petit-déjeuner habituel vous convient. Il se peut que vous deviez le répéter à quelques reprises pour d'abord ajuster la quantité que vous mangez habituellement, et ensuite pour reconnaître votre faim.

L'exercice

Au lever, ne prenez que la moitié de votre petit-déjeuner habituel. Si vous prenez normalement deux rôties, cette fois-ci, n'en prenez qu'une. Et si vous êtes plutôt du type à manger un bol de céréales, divisez la quantité habituelle par deux...

Au bout d'une heure et demie, posez-vous la question suivante : ai-je faim? Essayez de sentir ce qui se passe dans votre ventre et d'enregistrer la sensation. Et répétez cette prise de contact chaque demi-heure. Le but de cet exercice est de vous permettre de redécouvrir et de ressentir la gamme de sensations associées à la faim. Vous connaissez bien celles qui se passent dans votre abdomen pour vous signaler que c'est le temps d'aller faire... pipi. Mais connaissez-vous celles qui vous disent que c'est le temps de manger?

Au début, il y aura une « petite faim » que vous ressentirez au niveau de l'estomac. Ensuite, il y a la « moyenne faim », qui est surtout une impression de vide. C'est cette faim qui vous indique qu'il est temps de manger. Et ensuite, il y a le sentiment d'être affamé, une sensation très claire que vous ressentez dans l'estomac. Il gargouille, se tord, crie famine et vous signale qu'il faut vraiment manger. C'est la faim de loup qui vous amène à vous ruer sur la nourriture. Certaines personnes ont aussi des réactions d'impatience et d'agressivité quand elles sont rendues à ce stade. D'autres ont des problèmes ponctuels de manque de concentration et doivent laisser tomber ce qu'elles font pour aller manger. Il faut éviter de se rendre à ce stade de la faim.

Quelques particularités

- Peut-être devrez-vous refaire cet exercice plusieurs fois (au maximum une fois par semaine) avant de pouvoir ressentir très clairement et très précisément la faim. Et tant que la faim n'est pas clairement identifiée, vous ne pourrez passer à l'étape des semaines 3 et 4. Il vous faudra recommencer avec le programme des semaines 1 et 2 tant que le signal de la faim ne sera pas clair.

- Si au bout d'une demi-heure vous avez déjà faim, c'est que votre petit-déjeuner, au départ, n'était pas assez copieux. Il faudra alors ajuster la quantité de nourriture que vous prenez le matin. Mais, pour le moment, il faut poursuivre l'exercice afin de voir ce qui arrive avec votre faim. Continue-t-elle à augmenter? Finit-elle par passer?

Ces observations permettent de distinguer la sensation de faim et de l'enregistrer. Vous pourrez ainsi la reconnaître quand elle sera présente et quand, dans le feu de l'action de votre quotidien, vous serez moins attentif pour la détecter.

Si vous avez l'impression que votre faim disparaît plutôt rapidement, c'est que votre corps a cessé de vous demander de la nourriture et s'est mis en mode famine. L'exercice vous aura alors permis de savoir que vous êtes de ces personnes qui doivent être vigilantes pour saisir la faim quand elle est là. Car c'est quand elle est présente qu'il faut vous nourrir. Une faim qui disparaît sans avoir été assouvie vous nuira ensuite en prescrivant à votre métabolisme de ralentir et de brûler moins d'énergie.

Vous n'avez pas faim au bout d'une heure et demie? Il y a deux raisons possibles à cela.

- D'abord, peut-être mangez-vous trop au petit-déjeuner. Si vous êtes de ces personnes qui croient que le petit-déjeuner doit être le repas le plus important et le plus copieux de la journée, sans doute avez-vous pris l'habitude de manger des quantités de nourriture qui dépassent vos besoins. Commencez donc par reprendre l'habitude de manger deux rôties plutôt que quatre et laissez tomber un des plats que vous mangez en plus, que ce soit le yaourt ou les céréales. Et il n'est probablement pas nécessaire d'accompagner le tout de quatre fruits. Un ou deux feront l'affaire.
- Peut-être aussi avez-vous perdu le signal de la faim. Pour certaines personnes, le signal part à force de privations. D'autres ont tellement toujours mangé à heures fixes qu'elles ne savent plus ce que c'est. L'exercice devra donc être répété, une fois par semaine, pendant plusieurs semaines, jusqu'à ce que la faim réapparaisse.

1. Petit-déjeuner

Continuez à manger votre petit-déjeuner habituel. L'exercice précédent vous aura permis de vérifier si sa portion est adéquate.

2. Première collation

Maintenant que vous savez reconnaître le signal de la faim, vous êtes en mesure de savoir quand il faut prendre votre collation, que ce soit deux ou trois heures après le petit-déjeuner ou plus du tout si vous réalisez que vous n'avez vraiment pas faim le matin. Si c'est le cas, soyez vigilant au repas suivant. Car il est possible que vous soyez simplement trop occupé pour ressentir la faim. Vous serez alors affamé pour le dîner. N'oubliez pas que les collations doivent être nourrissantes.

3. Dîner

Comme toujours, il est crucial de choisir des aliments qui vous plaisent et de manger quand vous avez faim, peu importe l'heure. Comme pour les semaines précédentes, vous continuez de laisser quelques bouchées dans l'assiette, et davantage si vous mangez au restaurant.

N'attendez surtout pas d'être affamé avant de manger, car cela pourrait dérégler tout le reste de votre journée. À cause de l'instinct de survie, un corps affamé pense qu'une famine est sur le point de survenir, alors il vous demande de manger tout ce qui vous tombe sous les yeux... Bref, au bout du compte, lorsqu'il est conduit à l'état « affamé », votre corps risque de vous faire trop manger sur le coup, au moment même du repas, et peut-être également plus tard dans la journée.

4. Deuxième collation

Durant l'après-midi, peu importe l'heure et le nombre de fois, il faut manger aussi souvent que la faim se manifeste. Choisissez des aliments que vous aimez et qui peuvent vous soutenir; les protéines sont donc les bienvenues. Comme toujours : noix, tartine de beurre d'arachides (d'amandes, ou de noisettes), lait, yaourt, crudités trempées dans le hoummos ou le *babaganouche*.

5. Souper

Mangez quand vous avez faim, peu importe l'heure. C'est peut-être l'occasion de voir si le moment traditionnel du repas familial vous convient. Il faudra possiblement ajuster l'heure ou alors vous ajuster vous-même en prenant une collation qui vous permettra de patienter jusqu'à l'heure du repas, sans plus, ni moins.

Laissez encore quelques bouchées dans l'assiette, davantage si vous mangez au restaurant.

6. Collation du soir

Prenez une collation uniquement si vous avez faim. Rassurez-vous : ça ne cause pas de problème de manger avant d'aller dormir, à la condition que vous ayez faim. Le corps continue de fonctionner durant la nuit tandis qu'il n'est pas nourri. Ainsi, si vous ne le nourrissez pas du souper (disons à 19 h) au lever (disons à 7 h), vous lui demandez de fonctionner sans carburant renouvelé pendant 12 heures, soit une demi-journée. Il faut donc dire adieu au mythe voulant que tout ce qui est mangé le soir soit stocké en graisses. Cette théorie ne tient pas la route.

LE MOT DE

GUYLAINE

Lorsque mes clients commencent à manger à leur faim, ils ont généralement peur de prendre du poids, car ils ont l'impression de manger tout le temps. Mais lorsqu'ils comprennent qu'il faut écouter et respecter le signal de la faim, ils constatent rapidement qu'il est possible de manger aussi souvent que le corps le demande tout en maigrissant.

EN RÉSUMÉ

- Apprenez à reconnaître les différents niveaux de la faim.
- Apprenez à manger au bon moment, soit lorsque la faim se manifeste.

3e BLOC

SEMAINES 5 ET 6

Cette étape est celle où vous apprendrez l'importance de manger lentement, de mastiquer correctement et de savourer pleinement les aliments. Il y a en effet des techniques pour bien manger qui permettent d'apprécier davantage ce que l'on mange. Grâce à ces techniques, vous ressentirez mieux la sensation de satiété et vous tirerez le maximum de plénitude physiologique et sensorielle de votre alimentation.

Peut-être trouverez-vous étrange l'idée d'apprendre des techniques pour bien manger. Pourtant, il n'y a rien de révolutionnaire là-dedans. Pensons simplement aux techniques qui existent pour savoir bien apprécier toutes les facettes du vin et autres alcools fins.

Il est important de manger lentement pour laisser le temps au corps de réagir à ce qui lui arrive. Tout ce processus est complexe, mais voici une façon simplifiée de le comprendre :

- Lorsque l'on mange, l'estomac se dilate et envoie des signaux au cerveau pour le tenir au courant de ce qui s'y passe. Le cerveau note alors que l'estomac est en train de se remplir, mais de façon générale il ne fait rien de plus tant qu'il n'a pas reçu de signaux de l'intestin et des hormones qui régissent la digestion.

- Quand le cerveau reçoit les signaux des hormones de digestion et de l'intestin – qui viennent en quelque sorte valider ce que lui a déjà dit l'estomac –, il lance alors un message à son tour, cette fois à la personne qui mange : « OK, c'est assez. » C'est ce qu'on appelle « le signal de satiété ».

- Si on mange trop rapidement, on engloutit notre assiette sans laisser le temps au système digestif d'envoyer ses signaux au cerveau. On mange donc tout ce qu'il y a devant soi, sans avoir permis au corps de nous dire quand c'était suffisant.
- Lorsque l'on mange lentement, le corps a le temps de signaler le meilleur moment d'arrêter, ce qui n'arrive pas nécessairement quand l'assiette est terminée.

Il y a une autre raison très importante de manger lentement et de bien mastiquer : quand on mange trop rapidement, la nourriture n'est pas appréciée par les papilles gustatives. La nourriture s'en va directement dans la gorge, et les saveurs sont alors perçues en trombe par le nez, qui perçoit en fait les odeurs des aliments. On ne ressent donc qu'une infime partie du plaisir gustatif et olfactif que l'aliment peut réellement nous apporter.

Manger plus lentement permet donc de tirer un bien meilleur parti de son alimentation et d'en retirer une satisfaction accrue. On réduit ainsi le risque de manger au-delà de sa faim, ce qui est provoqué par la recherche du plaisir vague de ces aliments qui sont passés trop vite dans la bouche.

Exercice du chocolat

Prenez trois morceaux de chocolat à 70 % de cacao. Le but de l'exercice n'a rien à voir avec le chocolat et ne vise surtout pas à vous faire aimer ou détester celui-ci. C'est simplement un aliment qui convient bien à cet exercice et qui permettra de comprendre les phénomènes expliqués ici.

Laissez fondre le premier morceau tout en le promenant à l'intérieur des deux joues, et en le glissant sur le palais et sur la langue jusqu'à ce qu'il soit complètement fondu.

Ensuite, prenez le deuxième morceau de chocolat et croquez-le très rapidement, avant de l'avaler.

Prenez finalement le troisième morceau et mastiquez-le des deux côtés de la bouche, puis avalez-le.

Quel morceau était le plus savoureux?

Le premier a probablement été le plus savoureux, parce que le chocolat a fondu lentement dans votre bouche et a eu amplement le temps d'être en contact avec vos papilles gustatives. Pour les aliments qui fondent, cette technique est adéquate pour apprécier leurs saveurs et leurs textures. Mais vous ne pouvez faire la même chose avec tous les autres aliments que vous mangez et qui ne fondent pas...

Le deuxième morceau a probablement traversé votre bouche en vous laissant à peine le temps de savoir que c'était du chocolat. Les amateurs de grands crus de cacao savent que ce n'est pas une bonne approche pour reconnaître le Guanaja et le Manjari!

En revanche, le troisième morceau, que vous avez mastiqué des deux côtés de la bouche, a probablement été presque aussi savoureux que le premier. Bref, cette technique, qui s'applique autant aux aliments fondants qu'à tous les autres, est très efficace pour saisir pleinement les saveurs des aliments que vous avez dans la bouche.

Qu'est-ce qui fait que c'est si savoureux?

1- Les aliments touchent les papilles gustatives, dont les 5 000 bourgeons sont répartis sur la langue. Le signal envoyé au cerveau est donc beaucoup plus clair que si l'aliment touchait peu ou rapidement la langue.

2- Lorsqu'on mastique des deux côtés de la bouche, le palais mou se soulève. Le palais mou, c'est-à-dire la partie du palais qui monte quand on avale des aliments afin d'empêcher que les aliments ne se retrouvent dans le nez, est situé derrière le palais dur (la partie que la langue peut toucher).

L'une de ses fonctions est de maintenir fermée la cavité de la bouche au repos, pour éviter que les voies respiratoires ne soient bloquées. En revanche, quand on avale, le palais mou se place de manière que les aliments tombent bien dans l'œsophage et ne remontent pas dans le nez. En mastiquant des deux côtés de la bouche, on l'oblige à se soulever, car il doit laisser l'espace nécessaire au transfert des aliments de l'autre côté de la bouche. Ainsi, les effluves de la bouchée sont poussés vers l'arrière de la bouche et lorsque le palais mou redescend, elles peuvent remonter vers le nez, là où des milliers de récepteurs olfactifs sont postés pour informer le cerveau de ces différents arômes.

Pourquoi est-ce important de savourer?

Lorsque le nez a reçu un maximum de parfums et que tous les récepteurs d'odeurs sont en fonction, il n'y a plus de place pour la perception de nouvelles odeurs. Nos récepteurs sont saturés.

Lorsque l'on mange, ce phénomène diminue l'impact sensoriel des aliments. C'est pour cela que les premières bouchées d'un plat sont toujours les plus savoureuses.

Généralement, cet émoussement graduel des sensations gustatives et olfactives durant le repas correspond à l'apparition progressive de la sensation de satiété. En d'autres mots, on a de moins en moins faim et on tire de moins en moins de plaisir de ce que l'on mange. Il est donc plus facile d'arrêter de manger au moment où on sent que l'on en a eu assez.

Cet exercice est de loin le plus exigeant de tous, car réapprendre à mastiquer n'est pas facile. Cela exigera de vous de toujours penser à bien mastiquer, chaque fois que vous mangez. Au début, il faut rigoureusement chercher à prendre l'habitude d'y penser avant chaque repas. Sinon, vous réaliserez une fois votre assiette terminée que vous avez encore oublié de mastiquer lentement.

Il est possible qu'avant de réellement bien sentir la différence entre l'ancienne façon de manger et la nouvelle, vous ayez besoin de temps et de pratique. C'est normal. Les différents individus et leur palais ne répondent pas à ces changements de façon uniforme. Chez certains, les nouvelles perceptions sont plus claires, plus rapidement.

Il est aussi difficile d'apprécier et de savourer pleinement les aliments si vous êtes hyper concentré sur la technique. Mais il faut quand même faire consciemment l'effort de l'apprendre pour bien l'intégrer. Ensuite, lorsque vous serez moins concentré et plus détendu, vous pourrez pleinement apprécier ces nouvelles saveurs qui s'ouvrent à vous, et qui étaient cachées depuis toujours dans vos aliments préférés. Faites une pause dans votre journée chargée pour vous concentrer sur les arômes, les saveurs et les parfums de votre repas. C'est ce qu'on appelle « savourer la nourriture ».

LE MOT DE

GUYLAINE

Dans mon bureau et autour de moi, je constate que la majorité des gens ayant un problème de poids ont de la difficulté à manger lentement et à vraiment savourer leurs aliments. Il est très rare que je reçoive des personnes en surpoids qui mangent lentement et mastiquent efficacement. Je constate que les gens prennent du temps à intégrer cette façon de manger pour qu'elle devienne machinale. Ne vous découragez pas. Là encore, c'est avec le temps que vous finirez par apprendre et apprécier cette manière de savourer les aliments.

1. Petit-déjeuner

Mangez quand vous avez faim, mais il faut à tout prix éviter d'arriver affamé au travail, à l'école ou à l'endroit où vous vous dirigez en début de matinée.

Donc, si vous n'avez pas faim et que vous avez au moins 45 minutes de transport en perspective, il est préférable de manger un peu avant de partir et de manger à nouveau une fois arrivé à destination.

Vous pouvez aussi apporter votre petit-déjeuner sur la route et le manger en chemin, si c'est possible. Quoique manger au volant ou coincé dans un autobus ou un wagon de métro est loin d'être idéal. En fait, ce n'est aucunement propice à la détente et à la concentration nécessaires durant les repas. Car dès le petit-déjeuner, il est important de savourer chaque bouchée. Pour cela, vous devez porter toute votre attention sur ce que vous mangez, plutôt que sur la planification de la journée, les événements de la veille ou sur un virage à négocier. Tout ce qui détourne votre attention de votre repas devrait être interdit. Et ceci est vrai pour toute la journée. Si vous mangez habituellement en lisant le journal ou en regardant la télé, il faudra cesser de le faire. Il faut chercher progressivement à tirer le maximum de plaisir de ce que vous mangez et être réceptif au sentiment de plénitude qui se développe en vous lorsque vous avez non seulement l'estomac plein, mais aussi l'esprit repu de bonnes saveurs. Cela est impossible si votre concentration est ailleurs.

Les minces naturels qui mangent à leur faim depuis toujours n'ont pas besoin d'autant de concentration pour savourer les aliments et manger adéquatement. Mais il faut vous considérer comme un apprenti mince naturel!

Vous deviendrez éventuellement un expert. Mais en attendant, vous devez réapprendre tout cela. Il est normal de trouver cet exercice difficile et de vous surprendre à ne pas être concentré sur le repas. Mais l'effort en vaut vraiment le coup.

2. Première collation

Pensez à vous dire avant de manger que vous devez mastiquer des deux côtés de la bouche. Vous mangez quand vous avez faim. Et vous mangez autant de collations que nécessaire.

3. Dîner

Une fois de plus, mastiquez des deux côtés de la bouche. Si vous avez tendance à oublier, il y a des trucs qui peuvent vous aider. Vous pouvez, par exemple, utiliser une méthode mnémonique : il suffit d'apporter à table un objet qui attirera votre attention et qui sera là pour nous remémorer de manger lentement et de bien mastiquer. Si vous ne voulez pas que cela paraisse trop, choisissez un objet qui a sa place à table, comme une serviette de couleur vive ou un pot de condiment inusité. En le regardant, vous serez seul à savoir que cet objet est là pour vous faire penser de vous concentrer sur le repas.

Si vous mangez au restaurant, vous pouvez, par exemple, porter un bracelet particulier et chaque fois que vous le verrez, il vous rappellera de manger plus lentement.

La méthode d'association est un moyen très puissant qui permet la mémorisation avec un minimum d'efforts.

4. Deuxième collation

N'oubliez pas de vous répéter avant de manger qu'il est crucial de mastiquer des deux côtés de la bouche. Vous mangez quand vous avez faim, peu importe l'heure, et prenez une collation chaque fois que vous avez faim.

5. Souper

Il est possible que les premières journées soient difficiles et que, une fois rendu au souper, vous soyez tenté de faire une pause en vous disant que vous en avez assez et que vous méritez bien un petit repos. Bref, il se peut que vous ayez envie de manger comme avant. Et vous ne serez pas la première personne à qui cela arrive. Mais il ne faut pas lâcher.

Le changement de vos habitudes alimentaires ne doit surtout pas être un processus pénible. Mais plus vous résisterez, plus il sera difficile. Et si vous passez votre temps à faire des allers-retours entre vos anciennes habitudes et les nouvelles, les nouvelles seront difficiles à intégrer. Inconsciemment, vous allez faire comme auparavant. Et c'est normal. Le corps humain n'aime pas le changement. Les humains sont des êtres d'habitude et c'est très bien comme cela. Si chaque matin on devait redéfinir toutes ses habitudes, les journées seraient longues et pas très productives. Mais ce grand avantage devient un inconvénient lorsque l'on réalise que l'on veut changer un comportement qui fait partie de soi depuis très longtemps. Cependant, il est important de réaliser qu'une fois le nouveau comportement intégré, il sera aussi difficile à défaire que le premier. Il faut seulement de la patience.

6. Collation du soir

Il est important de manger si la faim se fait ressentir le soir.

EN RÉSUMÉ

- Vous apprenez à mastiquer adéquatement pour bien savourer les aliments. Cela vous aide à manger moins spontanément, parce que vous en profitez plus.
- Vous vous concentrez pour manger lentement.

SEMAINES 7 ET 8

Ces deux semaines seront consacrées tout particulièrement à la reconnaissance du signal de satiété, le nœud crucial de cette démarche. Il se peut, à ce point-ci, qu'aucun kilo n'ait été réellement perdu. Souvent, c'est à ce moment-ci que le processus s'enclenche.

Signal de satiété : l'exercice de la mi-assiette

À partir de maintenant, il faudra faire l'exercice de la mi-assiette tous les dîners et tous les soupers. Il est toutefois préférable que, la première fois, l'exercice soit fait dans le cas d'un repas calme et sans trop de dérangements, où vous pourrez vous concentrer sur ce qui se passe dans votre estomac et dans votre assiette.

Commencez votre plat principal et lorsque vous arrivez à la moitié, faites une pause d'une minute. À la fin de la pause, demandez-vous si vous avez encore faim. Si la réponse est oui, continuez à manger. Reposez-vous la question toutes les trois bouchées : ai-je encore faim?

IL EST CRUCIAL D'ÊTRE HONNÊTE ENVERS VOUS-MÊME. Vous ne devez pas essayer de mesurer ou d'évaluer rationnellement la quantité de nourriture que vous avez déjà mangée et que vous aimeriez encore manger. N'ayez pas peur d'admettre que vous n'avez plus faim et ayez confiance en l'avenir.

Si vous ne réussissez pas à savoir si vous avez toujours faim, demandez-vous comment vous réagiriez si quelqu'un venait vous retirer votre assiette à ce moment-ci. Comme c'est un signal instinctif, quel serait votre réflexe? Si vous n'avez plus faim, vous ne vous sentirez pas menacé ou heurté à l'idée que quelqu'un vous enlève votre nourriture. Par contre, si vous avez encore faim, votre réaction sera très claire. Vous voudrez défendre votre pitance.

Quelle est la pire chose qui puisse arriver si vous arrêtez de manger trop tôt?

1- Vous avez peur d'avoir faim de nouveau, peu de temps après la fin du repas? Il n'y a pas de crainte à avoir. Lorsque la faim reviendra, vous pourrez terminer votre repas ou manger à tout le moins la quantité de nourriture qui vous manque pour être rassasié. L'exercice vous aura indiqué que la sensation que vous aviez identifiée comme de la satiété, au milieu du repas, n'était pas la bonne. C'était trop tôt. Il faudra recommencer l'exercice, plusieurs fois si nécessaire, pour tâcher de mieux reconnaître votre sensation de satiété.

N'oubliez pas que tous les régimes que vous avez suivis et tous les efforts que vous avez faits dans le passé pour contrôler votre poids ou perdre des kilos ont inscrit dans votre corps une peur du manque, de la famine. Ces peurs ne partiront pas du jour au lendemain, mais elles partiront éventuellement, quand vous aurez rétabli votre confiance en vous et quand vous saurez, au fond de vous, que vous pouvez vous écouter et ne pas faire sauter le pèse-personne.

À cette étape, il faut commencer à prendre le risque d'arrêter de manger au milieu de l'assiette. Vous découvrirez peut-être que vous en avez eu assez et serez surpris de constater que c'était bien suffisant. Et comme il y a les collations, il n'y a pas de craintes à y avoir pour le restant de la journée. D'ailleurs, comme vous prenez des collations, il est normal de manger moins aux repas principaux.

2- L'autre chose qui peut arriver, c'est que vous n'ayez pas du tout envie d'arrêter de manger parce que c'est trop bon. Pour plusieurs, apprendre à laisser de la nourriture de côté est une chose difficile. Mais apprendre à vous détacher des aliments est une étape nécessaire, une sorte de deuil. Et si vous trouvez cela pénible, ce n'est surtout pas parce que vous êtes trop gourmand.

Manger doit être une activité agréable, composée d'aliments succulents. Sauf que si vous vous êtes nourri pendant des années d'aliments choisis pour leur teneur en calories plutôt que pour leur goût, il est normal que vous soyez pris d'une sorte d'euphorie gustative en vous permettant maintenant d'en manger. Et il est normal qu'il soit difficile d'arrêter. Ce n'est pas de la gourmandise, c'est être humain.

Au fil des semaines et des mois, quand vous aurez vraiment intégré le fait que ces aliments ne sont plus des ennemis et qu'ils sont à votre portée, quand vous le voudrez, vous passerez de la phase d'euphorie à la normalité. Il sera alors facile de cesser de manger une glace aux fraises ou des pâtes aux palourdes avant la fin du plat, lorsque la satiété se fera sentir. Il y aura une certitude et une sérénité au fond de vous qui feront complètement disparaître ce sentiment de coupure injuste que vous ressentez au début.

Plus loin dans le processus ainsi qu'au chapitre six – Dépannage –, des exercices précis sont indiqués pour apprendre à réapprivoiser les aliments qui rendent plus difficile que d'autres l'écoute de la sensation de satiété.

1. Petit-déjeuner

Lorsque le processus est bien en marche et que vous savez reconnaître votre sensation de satiété, le petit-déjeuner devient, comme tous les autres repas, une occasion de manger quand vous avez faim. Cela peut prendre parfois un peu de temps après le réveil. Il est normal que la faim ne se manifeste pas toujours exactement au même moment. Le corps s'ajuste aux circonstances, à vos circonstances. Parfois, la faim se fera sentir immédiatement, dès le réveil. À chacun de juger.

Pour le choix des aliments, fiez-vous encore une fois à vos goûts. Arrêtez de manger quand vous n'avez plus faim. Parfois, le matin, le signal de satiété est particulièrement subtil. Il faut être attentif.

2. Première collation

N'oubliez pas de prendre la collation de la matinée, si vous avez faim.

3. Dîner

Pour plusieurs, il est plus facile de faire l'exercice de la mi-assiette le midi que le soir. Si vous réalisez qu'il est vraiment difficile d'arrêter au milieu du repas pour faire une pause, il faut essayer de comprendre ce qui vous empêche de le faire. Les raisons peuvent être variées. Le dîner est fréquemment pris dans un contexte de travail. Il peut être difficile de vous concentrer sur votre repas et vous pouvez oublier de faire la pause. D'autres ont peur de ne pas avoir assez à manger et d'avoir faim trop rapidement après le repas. Pourtant, les collations seront là pour combler l'appétit. Il est important de prendre les mesures nécessaires pour arriver à faire l'exercice.

Si la plupart de vos midis sont occupés par des repas d'affaires, vous pouvez quand même faire l'exercice. Évidemment, durant ces repas, vous vous concentrez davantage sur le travail que sur la nourriture. Mais la pause, au milieu de votre assiette, peut être très discrète. Vous n'avez qu'à recommencer à manger tout doucement si vous avez encore faim.

4. Deuxième collation

Mangez aussi souvent que votre faim vous le dicte. Durant les collations, ne faites pas de pause pour mesurer si vous avez encore faim puisque les quantités de nourriture sont plus petites qu'au repas. Par contre, si vous réalisez que vous n'avez plus faim avant d'avoir fini votre nourriture, arrêtez de manger. Peut-être craignez-vous que si vous arrêtez de manger, vous n'arriverez pas à tenir jusqu'au souper. Dites-vous simplement que lorsque vous aurez faim, plus tard, si c'est avant l'heure du repas, vous prendrez une autre collation.

5. Souper

Le souper est, pour beaucoup de gens, le repas où il est le plus difficile de laisser des aliments dans l'assiette. Si, pour vous, le signal de satiété est moins évident à ressentir le soir que le jour, en d'autres mots si vous avez l'impression de ne pas avoir de fond le soir, il faut chercher à identifier les raisons de cette situation.

1. Votre collation de milieu d'après-midi est peut-être trop peu copieuse. Si vous avez passé une bonne partie de votre vie dans un univers de restrictions et que l'on vous a enseigné à ne jamais manger entre les repas, il se peut que vous hésitiez à prendre des collations nutritives… Mais si vous arrivez avec une trop grande faim au souper, ça ne va pas.

2. La collation d'après-midi est fort probablement rendue trop loin. Selon votre horaire, vous pourriez avoir avantage à prendre deux collations avant le souper, une première à 15 h et la deuxième à 17 h, particulièrement si le souper est à 19 h.

3. Le souper est le moment où vous pourrez enfin vous asseoir et relaxer. Il est possible que vous n'ayez pas envie que ce moment se termine. La nourriture aurait-elle sur vous un effet relaxant et apaisant? Une telle sensation est normale chez le nourrisson. Chez l'adulte, la nourriture peut toujours remplir ce rôle, mais avec une moindre importance. En fait, il est normal que la nourriture vous contente, mais à la condition que vous ayez faim et que vous ne mangiez pas au-delà de la sensation de satiété qui doit marquer la fin du repas.

Si la nourriture joue un rôle très affectif dans votre vie, il faudra apprendre à dissocier les moments où vous mangez pour calmer votre faim de ceux où vous nourrissez votre âme. Ce processus peut être simple et rapide, ou il peut prendre du temps. Tout dépend de la force du lien qui existe entre vos émotions et la nourriture. Essayez, pour commencer, de remplir vos soirées avec d'autres activités de détente. Listez les activités que vous aimez faire. La vie des adultes d'aujourd'hui tourne beaucoup autour du travail, des tâches liées aux enfants, de l'entretien de la maison. Essayez donc de vous offrir des moments agréables en faisant autre chose. Peut-être aimez-vous lire des magazines ou des livres, voir des films, faire du bricolage ou de la peinture, prendre des nouvelles de vos amis, jouer à des jeux de patience ou de société... C'est le temps de découvrir de nouveaux passe-temps, que ce soit la fabrication de mouches pour la pêche ou la résolution de sudokus!

Vous avez peur que vos passions finissent par coûter trop cher? Identifiez ce qui vous plaît et offrez-vous cette activité en cadeau. C'est un investissement à long terme. Et après tout, qu'est-ce qui coûte plus cher : un bon magazine ou une crème glacée?

Ainsi, chaque soir, si vous savez que quelque chose d'agréable suit le repas, il sera pas mal plus facile de vous séparer de votre assiette.

6. Collation du soir

La collation du soir doit être mangée dans les mêmes conditions que les autres collations de la journée. Toutefois, si vous n'avez jamais faim en vous réveillant le matin, c'est peut-être que votre collation du soir est trop copieuse. Il faudra dans ce cas ajuster vos quantités.

EN RÉSUMÉ

- Vous apprenez à ressentir la sensation de satiété.
- Vous vous concentrez pour arrêter de manger quand la satiété se fait sentir.

5ᵉ BLOC

Si vous vous êtes beaucoup privé dans notre vie, il est possible que vous ne sachiez même plus ce que vous aimez réellement. Certains aliments que vous aimiez mais qui ont été jugés « engraissants », ont sans doute été éliminés de votre alimentation. Les choix rationnels que vous pensiez nécessaires vous ont possiblement amené à manger de façon presque automatique. Est-il possible que vous ne portiez tout simplement plus attention à ce que vous mangez de sorte que vous ne savez plus si tel ou tel aliment vous fait réellement plaisir?

Voilà un bon moment pour vous rebrancher sur vos désirs.

1. Petit-déjeuner

Demandez-vous chaque matin si votre petit-déjeuner correspond à ce que vous avez vraiment le goût de manger. Peut-être allez-vous réaliser que vos goûts sont plutôt salés que sucrés le matin. Choisissez des aliments qui répondent le mieux à vos désirs. Le temps de commencer à manger du jambon, des œufs, du fromage ou de la tapenade d'olives noires serait-il venu? Si vous aimez plutôt les aliments sucrés, pourquoi ne pas aller du côté du sirop ou du beurre d'érable, de la confiture avec des crêpes, des gaufres, du pain... Ce n'est pas le choix qui manque. Il est possible que vous préfériez uniquement prendre du liquide le matin. C'est le temps d'inventer de super laits frappés au yaourt et aux fruits ou de faire du jus de fruits frais. Si vous avez davantage besoin de textures fraîches et croquantes, du raisin vert, une prune bien juteuse, un morceau de poivron rouge sont alors bienvenus au menu.

Et il est normal que vos goûts varient d'une journée à l'autre. Si vous mangez un plat riche un soir, il est probable que, le lendemain matin, vous n'aurez envie que de fruits, quitte à manger un croissant ou un bagel plus tard en matinée. Variez vos aliments.

2. Première collation

Vous ressentez un petit creux? Faites le même exercice pour vous obliger à vous concentrer sur vos goûts réels. La routine peut être tellement lassante! Si vous apportez vos collations de la journée au travail ou à l'école, faites l'exercice le matin. Il y a plein de collations auxquelles vous n'avez jamais pensé et que vous découvrirez! Mangez ce qui vous tente vraiment même si c'est peu nutritif. Votre faim vous aidera à vous ajuster plus tard. Et si, rendu à l'heure de la collation, vous avez envie d'autre chose, prenez-en note. Vous pourrez quand même manger ce que vous avez avec vous et qui vous tente moins, mais faites-vous plaisir le lendemain. Et posez-vous la question : est-ce que je me sens aussi rassasié et satisfait après une collation qui m'inspire moyennement qu'après une collation qui me plaît franchement?

3. Dîner

Faites le même exercice qu'au petit-déjeuner. Si vous avez de la difficulté à savoir quel repas vous tente, pensez aux textures qui pourraient vous inspirer. Demandez-vous : ai-je envie de quelque chose de mou ou de croustillant? De chaud, de froid ou de tiède? Est-ce que je veux quelque chose qui doit être coupé ou quelque chose qui fond en bouche? En y allant ainsi, en vous préoccupant des textures, vous parviendrez plus facilement à faire vos choix.

4. Deuxième collation

En cherchant toujours à nommer précisément ce dont vous avez envie, vous réalisez que les goûts changent considérablement d'une journée à l'autre. Si vous avez soudainement envie de manger quelque chose durant la journée, mais que ce n'est pas le temps, donnez-vous un rendez-vous avec cette nourriture. Dites-vous : « Quand je vais avoir faim, cet après-midi, je mangerai de cet aliment. » C'est une très bonne stratégie à adopter lorsque quelqu'un vous offre quelque chose alors que vous n'avez pas faim. Vous le réservez pour plus tard.

5. Souper

Le manque de temps fait en sorte que le repas du soir est souvent pris rapidement, sans trop d'interrogations sur ce qui fait la différence entre un repas banal et un bon repas. En ajoutant au menu un aliment qui vous plaît, déjà votre souper devient plus intéressant. Il est réellement important de savoir reconnaître ce qui vous fait vraiment plaisir, car cela vous aide à mieux gérer les quantités de nourriture que vous mangez.

6. Collation du soir

Si vous n'avez pas à la maison l'aliment qui vous fait exactement envie, c'est le temps de vous déplacer pour aller le chercher. Faites-vous plaisir, que ce soit avec des biscuits ou un artichaut vinaigrette.

EN RÉSUMÉ

- Vous réapprenez à respecter vos goûts alimentaires.
- Pour bien atteindre la satiété et éviter de trop manger, il faut choisir des aliments satisfaisants, qui vous plaisent vraiment.

6ᵉ BLOC

SEMAINES 11 ET 12

Durant ce bloc, votre tâche sera de prendre de front tous les aliments que vous vous êtes interdits pendant des années (et que vous avez probablement mangés quand même, avec excès et culpabilité), en pensant que cela vous aiderait à maintenir votre poids ou à perdre des kilos. Le présent exercice vous permettra de recommencer à consommer de ces aliments sereinement et de constater que vous pouvez de plus, et sans problème, maintenir votre poids ou, mieux encore, perdre des kilos. Car, faut-il le répéter, une calorie de crème brûlée ou une calorie de poisson poché fournissent exactement la même énergie au corps, tout comme un kilo de plumes pèse exactement la même chose qu'un kilo de plomb. En réapprenant à manger sans culpabilité les aliments que vous avez toujours considérés comme « engraissants », vous désamorcez une fois pour toutes les cycles de frustrations et d'excès qui rendent impossible la perte de poids à long terme.

L'exercice

Première étape

Pour commencer, faites la liste, par écrit, des aliments que vous ne mangez plus du tout (à part lorsque vous trichez) et de ceux que vous ne mangez pas avec la même sérénité que ceux que vous jugez absolument acceptables. Mangez-vous de l'agneau avec la même tranquillité d'esprit que le blanc de poulet, par exemple?

Pour faire ces listes, prenez comme point de repère un aliment que vous êtes sûr de manger sans ressentir la moindre culpabilité. Et vous passez dans notre tête tous les autres aliments que vous connaissez en les comparant à votre aliment de référence.

Si votre relation avec l'aliment comparé n'est pas aussi sereine qu'avec votre aliment de référence, indiquez-le sur une des listes. Toutes les privations n'étant pas égales, vous pouvez faire plusieurs listes. Il y a les aliments « très à risque », ceux qui sont « moyennement à risque » et finalement ceux qui sont « peu à risque ».

Tous ces aliments devront être réapprivoisés, un à un.

Pour être assuré de la réussite de l'exercice et pour ne pas vous décourager, il est important de vous concentrer sur un aliment à la fois. Vous constaterez qu'il y a des aliments avec lesquels la réconciliation sera très rapide, parfois du premier coup, et pour d'autres, il faudra des mois. Encore là, vous devez être indulgent avec vous-même, il faut vous donner le temps de faire la paix avec vos anciens ennemis.

Deuxième étape

La méthode est fort simple, mais difficile. Souvent, les gens y résistent, car elle va absolument à l'inverse de ce qu'ils ont pro-bablement essayé de faire toute leur vie, c'est-à-dire se res-treindre. Ici, il faut plutôt choisir un aliment anciennement interdit et en manger tous les jours, jusqu'à ce que vous soyez capable d'arrêter d'en manger sereinement, quand vous n'avez plus faim. Pour certains, ce sera de la crème glacée, pour d'autres des *chips*, des frites, du pain, des pâtes…

Faut-il en manger une, deux ou trois fois par jour? Cela dépend de vous et de votre courage. L'approche la plus radicale et la plus efficace, rapidement, est de ne manger que l'aliment en question, tous les jours, jusqu'à ce que vous arrêtiez par vous-même. Évidemment, il est crucial de n'en manger que lorsque vous avez faim et d'arrêter d'en manger quand vous n'avez plus faim. Au début, vous voudrez probablement toujours dépasser les limites de votre appétit, ou bien, au contraire, vous aurez de la difficulté à consommer l'aliment en question, car vous aurez peur de grossir.

Mais en continuant d'écouter vos signaux de faim et de satiété, vous réaliserez que cet aliment ne fait pas grossir ou alors qu'il peut être consommé sans que cela ne stoppe le processus de perte de poids.

Lorsque votre satiété vous permet d'arrêter tout simplement de manger l'ancien aliment ennemi et que vous sentez que vous l'avez réapprivoisé, le temps est venu de faire face à un autre aliment de la liste. Il est très important de ne pas arrêter une seule journée lorsque vous décidez de réintégrer un aliment particulier dans votre quotidien, sinon le sentiment de privation risque de revenir et le processus sera à recommencer.

Si vous êtes horrifié à la simple idée de manger de ces aliments à risque sans la moindre balise, il est possible d'adopter une approche plus douce. Le processus sera plus long – il faudra un peu plus de temps pour apprendre à faire confiance à votre propre capacité de vous écouter – mais la délivrance sera la même.

Pourquoi tous les aliments doivent-ils être vos amis?

Peu de personnes abandonnent aisément les interdits car les années de privation les ont généralement amenées à croire que leur poids serait le double si elles s'étaient toujours « laissées aller », et leur expérience le prouve. Elles mangent de leurs aliments préférés, sont incapables de se contrôler et, ensuite, se sentent terriblement coupables.

Mais c'est parce qu'elles n'ont pas pris en compte le cheval de Troie de toutes les approches minceur traditionnelles : la privation. Ce sur quoi sont basés tous ces régimes et qui mènent directement vers tous les excès.

En gros, la situation se présente banalement de la sorte : au lieu de manger les deux biscuits qui leur procureraient la sensation de satiété (ou tout autre aliment réputé « engraissant »), ces personnes en mangent quatre ou six, comme s'il y avait une coupure dans la connexion entre le désir de cesser de manger et le moment où elles arrêtent effectivement de manger... Tous ceux qui se sont empêchés de façon radicale de consommer les aliments qu'ils aimaient beaucoup savent de quoi il est question. Généralement, cet excès sera corrigé rapidement par un ajustement à la baisse de la consommation de calories peu de temps après.

Aussi, ces excès ponctuels ne mènent généralement pas à la prise de poids, grâce à la capacité individuelle de corriger le tir rapidement et de diminuer en conséquence la consommation d'énergie. Mais même si ces personnes s'imposent de nouvelles restrictions pour les corriger, ces excès auront tôt fait d'en provoquer d'autres. Est-ce une façon sereine de manger? Est-ce une façon de profiter au maximum de ce grand plaisir? Est-ce une façon de se sentir « gagnant » par rapport à la nourriture? Et c'est sans tenir compte du fait que cette façon de s'alimenter qui oscille entre excès et privations permet au mieux de maintenir son poids. Mais pas de perdre des kilos à long terme.

Le cycle des excès–restrictions qui vient d'être décrit est bien différent de l'hyperphagie boulimique, qui, elle, mène à la prise de poids, où des individus avalent de grandes quantités de nourriture, pour ensuite être aux prises avec une forte sensation de détresse et de perte de contrôle.

Il est compréhensible que certaines personnes aient peur de consommer les aliments devant lesquels elles ont l'impression de toujours perdre le contrôle. Surtout que, assez souvent, les personnes perpétuellement au régime réussissent à se tenir loin de certaines catégories d'aliments. Combien « ne mangent jamais de dessert », ou « n'ont aucune difficulté à se priver de friture », ou encore « n'aiment pas la viande rouge »? Est-ce réellement une question de goût ou est-ce plutôt une façon hyper rationalisée d'avoir mis K.O. certains ennemis pour mieux se concentrer sur les autres?

Les minces naturels ont des préférences et savent parler d'aliments qu'ils savourent plus que d'autres. Et il y a toutes sortes de raisons, souvent très bonnes, de décider d'éviter des aliments qui se trouvent sur les listes d'aliments ennemis. Il est toutefois important de rétablir le rapport de force entre les aliments afin que les choix faits ne soient plus basés sur la peur des calories.

Au quotidien, que faut-il faire?

Il est préférable de commencer avec les aliments de la liste des « peu à risque », pour finir avec les aliments « très à risque ». Par ailleurs, si dans la liste des aliments « peu à risque », il y en a qui constituent des repas, comme les pâtes, les pommes de terre ou la pizza, commencez par ceux-là. Et mangez-en tous les jours jusqu'à ce que vous soyez capable d'arrêter de le faire sans regret, en faisant l'exercice de la pause à la moitié de l'assiette.

1. Petit-déjeuner

Les aliments traditionnellement interdits qui se mangent au petit-déjeuner sont nombreux. Bien qu'il soit préférable de le faire avec le repas du midi, vous pouvez décider de commencer avec ce repas pour réhabiliter tous ces délices dont vous vous êtes longtemps privé et qui vous font peur : croissants, tartines à la crème de noisettes et de chocolat, rôties au beurre d'érable...

2. Première collation

La collation est un moment propice pour régler vos conflits avec des aliments salés (arachides rôties, *chips*, camembert...), mais aussi avec toute une autre gamme d'aliments sucrés : amandes enrobées de chocolat, biscuits, petits gâteaux... Au lieu de manger ces aliments sucrés à la fin des repas, en desserts, il est mieux de les intégrer au moment des collations. Ils seront au centre de votre attention. Si vous hésitez à commencer d'en manger parce que vous craignez de perdre le contrôle, rappelez-vous que ce ne sont que de petites collations. Ceci peut vous aider à avoir confiance et à croire que vous pouvez vous permettre ces aliments sans pour autant en manger trop.

3. Dîner

Le dîner est le repas où le signal de satiété est le plus facile à ressentir. Il est préférable de commencer à intégrer en premier lieu, ici, les aliments interdits. Il y a ainsi de meilleures chances d'arriver rapidement à en manger tout simplement à satiété. Le moment est venu de vous réconcilier avec les pâtes, les pommes de terre, les fromages à haute teneur en gras, la viande, le riz et tous ces autres aliments qui vous inquiètent.

4- Deuxième collation

Profitez de ce moment pour intégrer les *chips*, la crème glacée et tous les aliments interdits qui conviennent mieux à la collation de l'après-midi qu'à celle du matin.

5. Souper

Vous pouvez manger les aliments interdits au souper dès que vous êtes capable d'en manger sereinement le midi. Lorsque votre aliment interdit est consommé le soir, jusqu'à satiété, de façon aussi calme et posée qu'au lunch, c'est que vous êtes prêt à passer à l'aliment suivant.

Pour les desserts, vous pouvez commencer à les intégrer au repas du soir, une fois que vous parvenez à les manger aux collations. L'intégration, au souper, des desserts jadis interdits est une étape importante. Il faudra en effet apprendre à évaluer ce que vous mangez au début du repas, en laisser plus dans l'assiette, pour vous « garder de la place » pour le dessert, afin d'en profiter pleinement. C'est aussi le moment d'apprendre à reconnaître la sensation de satiété pendant le dessert et d'arrêter de manger à ce moment-là.

6. Collation du soir

Il n'est pas recommandé d'intégrer à la collation du soir les aliments interdits tant que vous êtes encore fragile à leur égard. Premièrement, parce que la faim, le soir, n'est pas aussi systématique que peuvent l'être celles de l'avant-midi ou de l'après-midi, surtout si vous allez au lit peu de temps après avoir soupé. Or, pour être efficace, la « thérapie des interdits » doit se faire de façon continue, tous les jours. La soirée est de plus un moment fragile chez ceux qui ont une relation très émotive avec la nourriture. Il est alors préférable de vous faciliter la vie en attendant la grande réconciliation avec les interdits et, plus tard, vous pourrez leur permettre de faire leur retour durant la soirée.

GUYLAINE

Mon travail en clinique m'a permis de constater que la soirée est souvent le moment le plus vulnérable de la journée. Pour certains, c'est le retour à la solitude après le travail ou l'école. Pour d'autres, c'est le début du second quart de travail, domestique cette fois, plutôt épuisant et parfois stressant... C'est aussi une période où on est plus fatigué, où la vigilance peut être facilement bousculée par les anciennes habitudes. Voilà pourquoi je pense qu'il est mieux, au tout début, que la « thérapie des interdits » ait surtout lieu le matin et durant la journée.

EN RÉSUMÉ

- Vous réapprenez, graduellement, à manger les aliments que vous vous êtes longtemps interdits.

- Vous apprenez à vous faire confiance et à cesser d'avoir peur des aliments interdits.

7ᵉ BLOC

SEMAINES 13 ET 14

Cette dernière étape sera celle où vous essaierez de comprendre et de déconstruire les liens entre vos habitudes alimentaires et toutes ces choses du quotidien qui sont dans le registre émotif : anxiété, stress, inquiétude, tristesse, ennui...

Les gens disent souvent qu'ils « mangent leurs émotions » comme si c'était une fatalité. En réalité, c'est une acrobatie que fait le corps pour calmer un sentiment totalement intangible avec une chose concrète.

Dans un passé pas si lointain, une telle chose aurait été impensable pour une très vaste majorité des gens, puisque la nourriture était extrêmement rare et précieuse. Mais dans la société dans laquelle on vit, les aliments sont très facilement accessibles, en plus d'être à prix généralement abordables.

De nos jours, il est fréquent de voir des gens manger pour calmer leur colère, panser une tristesse, combler la solitude... La construction de ces associations est complexe et le processus varie grandement d'une personne à une autre. Mais une chose demeure : on cherche ainsi à apaiser une certaine souffrance, qui ne peut être calmée autrement.

Chez les bébés, manger est un acte qui comble non seulement un besoin physique de nourriture, mais aussi un besoin de réconfort et d'affection. En vieillissant, l'enfant apprend à aller chercher cet apaisement et cette affection ailleurs. Mais pour certaines personnes, ce transfert ne se fait pas complètement. Elles continuent alors toute leur vie d'aller chercher le réconfort et l'affection dans les aliments. En fait, c'est de nourriture émotive dont elles ont besoin. Mais la plupart du temps, elles n'en sont pas réellement conscientes.

Il vous faudra donc vous regarder manger, lucidement, et chercher à voir s'il n'y a pas des situations qui, étrangement, se répètent, du type : « Je craque toujours quand je vais manger chez mes parents... », « Le samedi soir, c'est systématique, je mange toujours trop... », « Quand je suis seul, je suis incapable de passer une soirée devant la télé sans grignoter des croustilles. Pourtant, je n'ai pas du tout faim... » Il faut vous demander ce qui se passe dans votre tête et votre cœur et chercher des solutions ailleurs que dans la nourriture.

Auriez-vous besoin d'une solide discussion avec vos parents sur les sentiments négatifs que vous ressentez quand vous prenez un repas chez eux? Auriez-vous besoin de réfléchir à vos activités du samedi soir? Êtes-vous réellement là où vous souhaitez être? Il est possible que vous n'ayez réellement pas envie de passer la soirée seul, devant la télévision, et qu'il est temps de penser à d'autres activités plus sociales pour remplir vos soirées.

Certaines personnes réaliseront à cette étape du processus qu'il leur faudra de l'aide professionnelle pour comprendre et dénouer les liens entre les aliments et leurs émotions.

Chaque être humain est différent. Mais les relations compliquées avec la nourriture, que ce soit chez les personnes minces en restriction permanente ou chez celles qui ont un surplus de poids, sont parfois la manifestation d'un mal intérieur plus subtil et complexe qu'il faut guérir à la source, et non pas soigner en surface. Car, dans ces cas-là, la nourriture est une solution qui peut aggraver le mal qu'on cherche à camoufler.

On vit dans une société de performance où être ouvertement en colère ou pleurer est mal vu, comme si on n'avait pas de contrôle sur soi. Donc, au lieu d'exprimer ses émotions, on mange pour les calmer. Mais n'aurait-on pas besoin d'une bonne discussion franche avec quelqu'un, plutôt que d'un steak-frites géant?

Si c'est votre cas, commencez par découvrir les émotions qui vous font manger. Lorsque vous êtes conscient que vous n'avez pas faim, mais que vous continuez malgré tout à manger, il faut vous arrêter quelques secondes et identifier comment vous vous sentez. Ceci peut être difficile, car la dernière chose que vous souhaitez alors, c'est justement d'arrêter de manger. Si rien ne vient clairement à votre esprit, prenez un papier et un crayon et écrivez tout ce qui vous traverse l'esprit. Il ne faut pas vous efforcer de faire des phrases complètes. Ce n'est pas un roman que vous rédigez, et vous n'écrivez pas non plus dans l'idée de vous relire.

Écrire est une technique qui permet d'aller plus loin que la simple pensée dans votre réflexion et votre introspection. Les idées tournent souvent en rond dans la tête et on peut facilement se répéter la même phrase cent fois de suite. Par écrit, on doit passer à autre chose.

Ce moment pourrait par contre être éprouvant. Il est possible que vous n'aimiez pas du tout ce que vous percevrez et que vous ayez envie de mettre le couvercle sur tout cela pour refermer la boîte. Mais si vous voulez vraiment régler votre problème de surpoids et corriger vos anciennes habitudes alimentaires, il faudra faire ce déterrage inconfortable de bobos enfouis.

Il ne faut pas hésiter à demander de l'aide professionnelle, notamment pour traverser ce processus. Ce qui peut faire mal en remontant à la surface fait probablement mal de toute façon, même caché au fond de vous. Ce mal était simplement ressenti différemment... Et si là se trouvait la cause de votre surpoids?

1. Petit-déjeuner

Habituellement, le déjeuner n'est pas le moment où les émotions se manifestent le plus. Cela dit, si vous n'avez pas faim le matin, il est possible que ce soit parce que vous avez une boule de stress dans le ventre. Le problème, c'est que vous risquez de manger trop, une fois l'état anxieux parti. Il est d'autant plus important de comprendre ce qui vous amène à ne pas avoir faim et de corriger la situation.

2. Première collation

Vérifiez si vous n'avez pas une fausse faim qui expliquerait le désir de manger à ce moment de la journée. En cas de doute, essayez d'attendre 30 minutes avant de prendre votre collation. S'il s'agit d'une faim émotive, elle n'évoluera pas. L'appétit, comme vous l'avez vu lors de l'exercice de la faim, augmente avec le temps. Par conséquent, si la sensation n'a pas changé après 30 minutes, ce n'est pas une faim physique que vous ressentez, mais une faim émotive. Il ne faut pas combler les faims émotives par de la nourriture. Changez-vous les idées et essayez de faire disparaître la source des émotions qui veulent vous faire manger. La sensation devrait alors partir.

3. Dîner

C'est le moment de vérifier si vos émotions ne sabotent pas subtilement votre processus de perte de poids. Arrêtez-vous de manger exactement au bon moment ou allez-vous deux ou trois bouchées au-delà de votre satiété? Il est possible que votre surplus de poids vous protège et que la perte de poids, paradoxalement, vous fasse peur...

4. Deuxième collation

Tout comme pour la collation du matin, assurez-vous de ne pas répondre à une fausse faim.

5. Souper

L'heure du souper est, pour plusieurs, un moment où ils sont particulièrement vulnérables. La journée de travail est terminée, la pression tombe, on se retrouve chez soi, près du frigo... Et c'est le temps de manger, une activité qui apporte toutes sortes de plaisirs et du réconfort. Si manger joue un rôle plus émotif qu'il ne le devrait dans votre vie – il est normal que vous alimenter vous apaise et vous comble dans une certaine mesure, quand même! – il faut penser à supprimer au repas son rôle exclusif de source de bonheur. Il est important que manger ne soit pas la seule chose intéressante qu'il reste de votre journée. Accordez-vous du temps, des sous, de l'énergie pour profiter d'autres plaisirs.

6. Collation du soir

C'est souvent durant la soirée que l'on mange pour des raisons émotives. Si vous ressentez une sensation carrément physique de faim en soirée, mais que vous doutez de la qualité réelle de cette faim, à nouveau, attendez 30 minutes en faisant une activité qui vous plaît : jouer à un jeu vidéo, regarder la télé, parler au téléphone, peu importe. Mais il est important de vous occuper à quelque chose qui demandera un peu de concentration et vous distraira de l'idée de manger. Si la sensation de faim n'est pas plus intense après une demi-heure, il s'agit d'une faim émotive. Vous ne devez donc pas manger. Vous devez écrire ou parler. Pensez à voix haute. Prenez des notes. N'essayez pas de passer à autre chose. Tentez de désamorcer la raison de cette envie de manger. Pour le moment, vous êtes motivé à perdre du poids, alors vous pouvez consciemment chercher des moyens de ne pas manger. Mais plus tard, lorsque vous serez moins concentré sur votre objectif, que va-t-il arriver si la source du problème n'est pas réglée?

EN RÉSUMÉ

- Vous repérez les émotions qui vous font manger.
- Vous trouvez des moyens pour faire face à ces émotions autrement qu'avec de la nourriture.

Guy Morali
Manger plutôt que « picosser »

Guy Morali connaît les régimes. Dans sa vie, il en a fait quelques-uns. Il s'est privé, il a mangé des poudres, des tablettes et toutes sortes de substituts de repas et autres concentrés de protéines. Il sait comment on peut perdre 25 kilos en six mois et surtout, comment les reprendre en quatre mois. Et comment ajouter encore quelques kilos de plus sur le tour de taille.

Mais depuis janvier 2005, M. Morali, chef cuisinier, perd du poids et ne le reprend pas. « Sans souffrance, sans avoir faim, sans manquer d'énergie, dit-il. En fait, je ne suis même pas à la diète. »

M. Morali explique qu'il mange comme avant : « Sauf que je commence uniquement quand j'ai faim et j'arrête quand je n'ai plus faim, quitte à en laisser dans mon assiette. »

Guy Morali est chef et propriétaire, avec sa femme Dodo, du restaurant portant leurs noms et installé dans les Cours Mont-Royal, à Montréal. Pour M. Morali, manger n'est pas un dada ou un caprice. C'est sa vie. Il passe ses journées dans la nourriture. À la regarder, à la sentir, à la cuisiner et à la manger.

« C'est mon médecin qui m'a envoyé voir Guylaine Guevremont. Il fallait que je perde du poids, pour ma santé. Et j'ai tout de suite aimé cette approche. Je pouvais manger ce que je voulais, incluant le pain, une chose cruciale pour moi. »

Pour perdre la quinzaine de kilos dont il s'est délesté jusqu'à présent, Guy Morali a fait un changement tout simple mais crucial dans son quotidien : il a commencé à manger avant le service du midi de son restaurant.

« Avant, je ne mangeais pas le matin et j'arrivais affamé au service du midi et je "picossais" partout. Une frite ici, un bout de pain là. La faim s'ajoutait au stress du travail.

Maintenant je suis beaucoup plus relax. Ça se passe mieux. Je crie beaucoup moins… Parce que je n'ai pas faim. »

M. Morali a grandi en Europe, après la guerre. À cette époque, dans sa famille, les convives n'avaient pas le choix. Il fallait finir son assiette. Mais même si avec les années, la crainte de manquer de nourriture s'est estompée, le chef ne s'est jamais réajusté. Il a toujours continué à vider son assiette. Et c'est ainsi qu'à Montréal, quelques décennies plus tard, il s'est retrouvé avec un important surpoids : « Je me sentais très coupable. Je n'aimais pas ça. Ce n'est pas vrai que les gros sont heureux, moi je n'y crois pas. Surtout quand tu te lèves le matin et que tu traînes 20 ou 25 kilos de trop. Je voulais perdre ce poids. Mais je ne voulais pas retomber dans les privations. Je me sentais tellement vulnérable quand je suivais les autres régimes. »

M. Morali a encore de la difficulté à croire qu'il a le droit de manger du confit de canard, de la choucroute, du cassoulet, de la blanquette de veau… Il avoue qu'il a tendance à aller vers les salades, le poulet grillé, les poissons : « Mais je mange du confit de canard. Sauf que j'en mange de moins grosses portions qu'avant. Et je n'ai aucun regret à en laisser dans mon assiette. »

Et M. Morali n'a plus peur de recevoir ses amis et d'accepter leurs invitations.

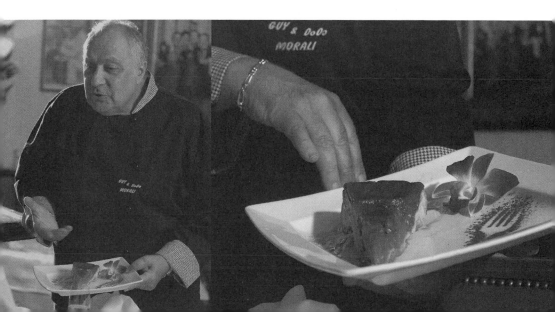

chapitre **6**

Dépannage

Une fois que vous commencez à bien reconnaître la faim et la satiété, les quantités de nourriture que vous consommez devraient correspondre exactement à vos besoins. Ceci devrait soit mener à une perte de poids lente et progressive, soit vous permettre de maintenir votre poids, sans les habituelles privations d'antan.

Il est possible cependant de ne pas commencer à fondre sur-le-champ. D'ailleurs, avec une telle méthode, la perte de poids va au rythme de votre corps, pas à celui que vous avez choisi. Et il arrive que certaines personnes prennent un ou deux kilos avant d'amorcer leur descente pondérale. Il est important de regarder les progrès réalisés et pas seulement la perte de poids.

Voici quelques problèmes fréquemment vécus les premiers temps de la mise en application de cette approche antirégime et comment il est possible de les régler.

Attention aux fausses faims

Même si vous connaissez très bien votre signal de satiété, il se peut que de « fausses faims » parviennent à perturber le processus entrepris.

Probablement qu'avant d'amorcer cette approche, vous mangiez, à l'occasion, pour combler un simple besoin de réconfort ou de divertissement. Il se peut même que vous n'attendiez même pas de ressentir le signal de la faim pour manger ainsi. Il suffisait de vous ennuyer un peu, de savoir qu'il y avait de la mousse au chocolat dans le réfrigérateur et hop! vous vous en serviez un bol, ou deux.

Tentez de repenser ce comportement lorsque vous n'avez pas faim.

Normalement, si vous écoutez bien vos signaux de faim et que votre crainte d'avoir faim, plus tard, est apaisée par la possibilité de manger une collation en temps et lieu, cette envie de manger pour manger devrait rapidement devenir facile à gérer.

Ce qui est plus compliqué, c'est quand vous commencez à ressentir physiquement, dans votre estomac, un signal qui ressemble à de la vraie faim, mais qui en réalité n'en est pas. Certaines personnes ont de fausses faims automatiques (chaque fois qu'elles arrivent quelque part ou à certaines heures). D'autres fausses faims sont créées par des circonstances.

La meilleure façon de reconnaître une fausse faim est d'attendre 30 minutes pour voir si elle augmente ou si elle reste stable. Si elle reste stable, elle est fausse.

Mais, même s'il est faux, ce signal est désagréable et vous donne envie de le calmer avec de la nourriture. Il faut donc essayer de le désamorcer.

Vous devez pouvoir reconnaître vos fausses faims.

Demandez-vous quelle pourrait être la source de cette sensation. Voici certains exemples de questions à vous poser :

- Suis-je fatigué?
- Suis-je fâché, en colère, frustré?
- Ai-je peur de quelque chose?
- Quelqu'un ou quelque chose me tape-t-il particulièrement sur les nerfs?
- Est-ce que je me sens dévalorisé, ridiculisé?
- Est-ce que je me trouve nul? Ai-je raté quelque chose? Suis-je déçu?
- Suis-je inquiet? Angoissé?
- Est-ce que je me sens seul, rejeté?
- Est-ce que je m'ennuie? Ai-je envie d'être ailleurs?

Une fois que le signal de fausse faim est identifié et que vous avez des soupçons sur la source, il faut essayer de régler le problème. Ce qui n'est pas nécessairement facile.

Vous pouvez aisément vous mettre en colère contre un ordinateur qui ne fonctionne pas. Dans la vie, il y a de nombreuses sources de colère, de peine, de frustration, de tristesse. Elles sont complexes et souvent difficiles à détecter. Si l'acte de manger est devenu une sorte de baume pour panser douleurs, angoisses et autres peines vécues dans une journée, il est normal que réapprendre à manger uniquement en écoutant les signaux physiques réels de faim et de satiété prenne du temps et nécessite une certaine introspection plus ou moins facile. L'aide d'un professionnel pour démêler tout cela vous serait peut-être utile. Ce n'est pas un signe de faiblesse, c'est signe que vous avez un regard lucide sur votre situation.

Vous réalisez peut-être que vous avez besoin d'être nourri d'autre chose que de nourriture : d'amour, d'amitié, de divertissement, d'accomplissement, de reconnaissance, de réconfort, de surprises, de découvertes ou de défis, par exemple.

Si vous avez fait beaucoup de régimes et que vous vous êtes souvent privé et affamé, il se peut que vous en veniez à avoir faim par réflexe lorsque vous ressentez une sensation associée à vos périodes de quasi-jeûne. Vous aurez faim, par exemple, lorsque vous vous sentirez fatigué, parce que pendant longtemps vous avez été épuisé par un manque d'énergie causé par une insuffisance de nourriture. Vous pourrez également avoir faim ou avoir le réflexe de manger pour calmer un mal de tête, parce que vous avez souvent eu, dans le passé, des maux de tête liés à un manque d'énergie. Pour identifier ces fausses faims, vous devrez essayer de régler le problème autrement (faire une sieste ou prendre un comprimé, notamment) et voir si la faim est bien réelle.

Attention au pèse-personne

Répétons-le : il est important de ne pas vous peser tous les jours, car les fluctuations sur la balance vous amènent à ajuster, souvent inconsciemment, vos comportements. Vous avez perdu du poids : vous lâchez un peu prise. Vous en avez pris : vous resserrez le contrôle ou vous éprouvez du découragement, vous ressentez un échec. C'est un détail qui peut sembler anodin, mais même les minces naturels le disent : vaut mieux « balancer la balance » au loin! Vos vêtements nous donneront une meilleure indication de votre évolution.

Aussi, vous devez éviter de vous comparer aux autres. Tous les corps fonctionnent différemment. Chacun a un profil émotionnel différent et une histoire alimentaire qui lui est propre. Personne ne réagit de la même façon. Il pourrait être difficile d'accepter que des amis, des parents ou des collègues perdent du poids plus rapidement que vous. L'important est de ne pas vous décourager et de ne pas retomber dans les régimes et les privations.

La vie ressemble parfois à un jeu de serpents et échelles. On avance peut-être moins vite que d'autres. Mais si l'on tombe sur le serpent et qu'on dégringole tout le chemin parcouru d'un coup, il faudra le refaire.

Parmi les éléments clés au cœur de cette approche, il faut :

- Convaincre votre corps de ne plus avoir peur des famines.
- Faire disparaître l'alimentation émotive.
- Accepter que la perte de poids ne se fasse pas selon votre volonté rationnelle : vous ne choisissez ni quand cela se fera, ni combien de kilos vous perdrez.

Il arrive fréquemment que la perte de poids démarre justement quand on laisse aller, quand on décroche, quand on accepte de se faire confiance et qu'on se dit « advienne que pourra ».

« Décrocher de la vieille mentalité, c'est difficile », confie Charlotte, une nouvelle maman de 36 ans, qui a perdu près de 10 kilos en un an. « J'ai une amie qui a commencé en même temps que moi et c'est dommage, parce qu'elle a décroché. Elle se fiait sur son pèse-personne. Si j'ai un conseil à donner à ceux qui commencent, c'est ça : ne comptez pas sur le court terme. Ça ne part pas en quelques semaines. Mais en attendant, on découvre pas mal de choses sur soi-même. »

Attention au stress

Beaucoup de personnes mangent parce qu'elles sont stressées. Souvent, c'est le besoin d'apaiser le stress qui explique cette envie incontrôlable de nourriture.

Pour régler ce problème, il faut faire un peu d'introspection. L'erreur de bien des gens est de se dire : « Quand je vais être stressé, je vais me forcer à faire autre chose pour me changer les idées, pour ne pas penser à la nourriture. » C'est un moyen qui peut être efficace pendant la période de perte de poids, celle où on est particulièrement vigilant et motivé. Mais à long terme, ce n'est pas une stratégie gagnante.

En effet, lorsque vous aurez appliqué les principes de l'alimentation instinctive et atteint votre poids génétique, vous vous sentirez libre et solide dans toutes les situations. Vous n'aurez plus de raison, *a priori*, de résister à la rage de manger en pleine crise de stress.

Sauf que le stress est rarement un phénomène isolé. Et les kilos recommencent souvent à remonter à la suite de séries d'épisodes de stress « apaisés » par la nourriture…

En essayant d'identifier les déclencheurs de stress, vous pouvez intervenir à la source. Et les moyens de désamorcer ces moments intenses sont bien moins compliqués que vous pourriez le croire. Une piste : arrêtez de jouer aux invincibles! Pleurer ou dire franchement ce que vous pensez, par exemple, pour exprimer une colère ou un désarroi, peut être beaucoup plus efficace que de manger et de vous sentir ensuite tellement coupable...

Attention aux privations cachées

Se priver est tellement normal de nos jours que plusieurs personnes le font sans même s'en rendre compte.

L'important n'est pas de se priver ou non d'un aliment, c'est la manière de le manger.

Peut-être mangez-vous des *chips* tous les jours. Et qu'ainsi vous n'avez pas l'impression de vous en priver. Mais si les *chips* font partie de votre liste consciente ou inconsciente d'aliments engraissants à éviter, vous les mangez sans doute avec un sentiment d'échec, une impression d'impuissance par rapport à cet aliment. Si vous arrivez au fond du sac après vous être dit 12 fois « encore une dernière », il y a de bonnes chances que toute l'expérience ait été marquée par la culpabilité et le vœu pieux que ça ne se reproduise plus jamais.

Il est important lorsque vous vous libérez de vos privations, de vous libérer aussi de la culpabilité profonde qui vous empêche de bien profiter des aliments.

Le but de cette approche, une fois de plus, est de rétablir une relation harmonieuse avec la nourriture. Il faut être vigilant et identifier toutes les sources de culpabilité. Celles qui sont évidentes et celles qui le sont moins.

Par ailleurs, vous devez être capable de savourer sans culpabilité tous les aliments que vous aimez et d'accepter de vous faire ainsi plaisir.

Lorsque l'on se sent coupable, on a tendance à manger à toute vitesse, en ayant hâte de passer à autre chose, ce qui pave la voie à un cycle d'éventuels excès.

Soyez honnête avec vous-même. Visualisez un aliment que vous adorez et que vous ne ressentez aucune culpabilité à manger (un fruit, une salade, une viande ou un poisson qu'on aime particulièrement). C'est avec cette même sérénité que vous devriez envisager de manger tous les aliments que vous aimez, que ce soit les frites-sauce, un morceau de tarte ou les légumes frais.

LE MOT DE

GUYLAINE

Les gens qui me consultent me disent souvent qu'ils ne sont pas capables d'arrêter de manger une fois arrivés à satiété, parce qu'ils sont fondamentalement trop gourmands. Si vous sentez que c'est votre cas, soyez rassuré car lorsqu'on discute, il devient clair que cette gourmandise ne touche que certains aliments dont ils raffolent. À ce moment, ils réalisent clairement que leur gourmandise ciblée est une relique des privations imposées depuis des années. Tous les aliments, même les plus délicieux, devraient tôt ou tard être consommés avec le même plaisir gourmand et ensuite être laissés avec le même détachement que tous les autres... Mais ce cheminement prend plus ou moins de temps, selon chacun.

Attention aux attentes démesurées et hâtives

Vous devez modifier vos habitudes et vos comportements alimentaires étape par étape. Les petits changements mis en place progressivement feront alors partie de vos habitudes de vie.

Vous ne devez pas vous décourager si vous ne perdez pas de poids aussi rapidement ou de façon aussi régulière que vous le souhaiteriez. Ce que vous aurez acquis au fur et à mesure restera par la suite. Concentrez-vous sur vos gains. Si vous pouvez enfin manger quelque chose dont vous vous êtes privé longtemps (chocolat, fondue au fromage, lait fouetté), tout en en profitant vraiment et sans prendre de poids, c'est déjà beaucoup!

Le but premier de cet exercice est de retrouver la liberté de manger ce que vous voulez, sans les excès, les privations et les montagnes russes émotives que provoquent les régimes. En vous concentrant trop sur la perte de poids, vous risquez de continuer à rationaliser excessivement votre alimentation. Or, il faut vous ramener à vos instincts. C'est vraiment à moyen et à long terme que vous verrez une différence sur le poids.

Apprendre à vous écouter et à reconnaître vos fausses faims et vos problèmes émotifs qui déroutent votre alimentation peut prendre du temps. Si vous commencez dès le départ à penser à la perte de poids et que vous avez des attentes précises à cet effet, vous risquez de tourner en rond, de vous mettre de la pression, de trop penser à votre alimentation. Et vous finirez par vous décourager.

La perte de poids se déclenche quand :

- Vous avez bien pris conscience de tous vos comportements vis-à-vis de la nourriture.
- Vous avez réussi à lâcher prise sur vos anciennes habitudes et que vous commencez à savoir écouter réellement vos signaux de faim et de satiété. (Ça n'arrivera pas tant que la première étape ne sera pas réussie.)

La relation conflictuelle de la nourriture et du poids, qui s'est bâtie à coups de frustrations, de tristesse, de sentiments d'échecs accumulés pendant des années et des années, ne se dénoue pas en quelques jours ou quelques semaines. Surtout si vos comportements sont ancrés dans votre éducation depuis le début de votre enfance. Mais si vous prenez le temps de vous écouter et de mieux manger, petit à petit, chaque jour, vous finirez par prendre le chemin du poids génétique.

« Moi, ça a pris huit mois avant que je commence à perdre du poids », confie George, un amateur de bonne chère et de bons vins de 47 ans qui a perdu sept kilos depuis qu'il a entrepris le processus, il y a près de deux ans. « Je me suis quelquefois demandé si cette solution était la bonne. Mais j'ai perdu lentement du poids que je sais que je ne reprendrai jamais. C'est sûr que cette méthode n'est pas évidente tant qu'on n'a pas de résultat. On garde un doute. Mais ça marche. »

Attention aux fausses petites portions

Plusieurs personnes constatent qu'en écoutant leur signal de satiété et en mangeant à leur faim durant toute la journée, elles mangent nettement moins qu'avant lors des repas. Or, pour éviter d'avoir à jeter de la nourriture, elles choisissent volontairement de réduire de façon importante leurs assiettes.

Cette façon d'agir est sournoise.

Le fait d'avoir une portion anormalement petite dans votre assiette peut vous donner l'impression de manger de façon bien raisonnable. Mais la petite portion en question peut quand même être trop généreuse pour vos besoins du moment. Seule la sensation de satiété doit indiquer la fin du repas. Pas la taille d'une portion révisée.

Bref, vous avez parfois moins faim que vous le pensiez et vous pouvez sortir de table satisfait après une assiette encore plus petite que celle que vous aviez imaginée.

Les recherches ont démontré que les portions trop généreuses pouvaient nous amener à trop manger et plusieurs diront que c'est là un des facteurs expliquant l'épidémie d'obésité en Amérique du Nord[1]. Mais ceci concerne justement les mangeurs qui ne tiennent aucunement compte de leurs signaux et qui décident de la quantité de nourriture qu'ils mangent en fonction de critères extérieurs, comme le format de leur portion.

La même réflexion s'applique lorsqu'on pense régler son problème en réduisant ses portions. Une petite portion en soi n'est gage de rien. Il faut, encore et toujours, écouter les signaux envoyés par son corps, qui lui seul sait de quelle quantité de nourriture il a besoin, selon le moment.

LE MOT DE

GUYLAINE

Il arrive que certains de mes clients me confient avoir commencé à se servir des portions nettement plus petites qu'avant. Ne faites pas cette erreur : cette nouvelle habitude cesse leur perte de poids et les décourage. La solution : je leur dis de recommencer avec leurs anciennes portions, d'oublier leur poids et de se concentrer sur leur signal de satiété. Et ça fonctionne. La perte de poids reprend.

N'oubliez pas de manger len-te-ment

De nombreuses personnes qui suivent cette approche avec succès et qui ont été interviewées pour ce livre ont indiqué que manger lentement était leur plus grande difficulté.

Manger rapidement ne permet pas d'arrêter au bon moment. Le délai est trop court entre le début du repas et la fin. L'estomac et l'intestin n'ont pas le temps de dire au cerveau d'émettre le signal d'arrêt.

De plus, si l'on mange trop vite, on savoure moins et, par conséquent, on est moins contenté.

En Amérique du Nord, on a l'habitude de manger vite. On n'a jamais de temps, ni le matin avant de quitter la maison, ni le midi au travail, ni le soir, soit parce qu'on a toutes sortes de responsabilités (enfants et autres), soit parce qu'on a trop faim en arrivant.

Mais la lenteur et le calme font partie du processus. Il faut faire comme les Français ou les Italiens. Il faut s'ar-rê-ter. Mettre la table. S'asseoir. Être conscient de ce qu'on est en train de faire : se nourrir. C'est une condition importante pour ne pas trop manger.

EN RÉSUMÉ

- Il faut être patient.
- Il ne faut pas avoir d'attentes démesurées et surtout ne pas se comparer aux autres. Chaque personne progresse à son rythme, selon son histoire alimentaire personnelle.
- Il faut se faire confiance et être très honnête envers soi-même.
- Identifier et déboulonner les comportements alimentaires liés au stress et aux émotions est une des étapes clés du processus.

Dyan Solomon

Manger des *brownies* ne fait pas grossir

Avec ses cheveux peroxydés coupés à la garçonne, ses yeux bleu ciel et son style urbain *cool*, la svelte Dyan Solomon n'a rien de la boulangère-pâtissière des livres d'images. On la verrait plutôt chanteuse dans un groupe rock local ou designer de mode.

Pourtant, Dyan est l'auteur des *brownies* au chocolat qui ont généré le plus d'attention médiatique depuis des années. Et tout Montréal parle des biscuits et des brioches au chocolat d'Olive et Gourmando, un café du Vieux-Montréal dont elle est copropriétaire avec son conjoint Éric Girard.

En fait, même des stars d'Hollywood comme Susan Sarandon, Ethan Hawke, Julia Roberts et même le chanteur Bono viennent à son café manger ses pâtisseries et viennoiseries. Pourtant, elles contiennent à elles seules probablement plus de sucre et de beurre que tous les frigos de toutes les vedettes obsédées par la minceur de Los Angeles réunies...

Dyan Solomon, mince naturelle, est une adepte des glucides et les cuisine admirablement. Elle utilise des farines fines, du vrai beurre, du bon sucre pour confectionner des muffins, des croissants aux amandes, des pains aux noisettes, des biscuits au

chocolat noir et aux cerises séchées, qu'elle se plaît elle-même à déguster régulièrement.

Aujourd'hui dans la trentaine, Dyan n'a jamais fait un régime de sa vie et l'idée de chercher à alléger ses gâteries ne lui est jamais venue à l'esprit. Quand des clients lui demandent si elle a des muffins sans gras ou sans sucre, la réponse est claire : non. « Lorsqu'on mange modérément, on peut manger de tout », dit-elle. « Et je n'échangerais jamais le plaisir que j'ai à manger contre des kilos en moins. Je suis heureuse d'être comme je suis : moyenne, normale. »

Pour conserver sa taille, Dyan ne fait rien de particulier. Elle n'a pas d'affection spéciale pour la viande rouge mais en mange à l'occasion. Elle préfère les produits frais aux produits congelés ou en boîte et choisit l'huile d'olive plutôt que le beurre pour tout ce qui n'est pas pâtisserie. Elle adore les légumes et préparer ses repas. Son dada : le chocolat, qu'elle mange sans restriction.

Mange-t-elle beaucoup? « Je mange quand j'ai faim et j'ai tendance à toujours en laisser dans mon assiette. Mes amies rient de moi d'ailleurs. Ça les agace de voir toujours ces quelques bouchées traîner… » En revanche, elle ne mange pas toujours aussi lentement qu'elle aimerait. Mais elle ne mange jamais devant la télévision : « J'essaie de toujours m'asseoir à table. Lorsqu'on mange en faisant autre chose, on ne fait pas attention, on mange trop et on se sent mal ensuite. » Dyan, d'ailleurs, déteste trop manger. Elle ne le fait que rarement et c'est généralement pour faire plaisir à des amis qui ont cuisiné pour elle : « Si j'exagère, je le sais tout de suite. Parfois je calcule un peu mes affaires pour me préparer à de telles situations. »

Enfant, on ne l'a jamais forcée à vider son assiette : « Mes parents aimaient manger santé et ne nous obligeaient jamais à finir. Parfois, leur côté très nature m'agaçait mais maintenant, je sais qu'ils nous inculquaient de bonnes habitudes. » Dans sa vie, la nourriture n'a jamais non plus joué de rôle calmant ou réconfortant : « En fait, quand je suis triste ou stressée, j'ai plutôt tendance à ne pas manger. Je perds mon appétit. Rien ne goûte bon. Pour moi, manger, c'est quelque chose d'heureux. »

chapitre 7

Bedaine de la quarantaine

et autres cas

Dans la société folle où l'on vit, on se préoccupe de son poids à tous les âges. Dès la naissance de leurs enfants, les parents se demandent comment leur inculquer les habitudes alimentaires les plus saines possible pour qu'ils n'aient jamais de problème de poids. Et dès que les enfants sont un peu ronds, on s'inquiète pour eux.

Puis, ce sont les préadolescents et les adolescents qui ne s'aiment plus et veulent transformer ce corps qui change malgré eux. Il y a également ces hommes qui se découvrent une petite « bédaine » vers la fin de la trentaine ou le début de la quarantaine... On s'inquiète aussi particulièrement de son poids quand on cesse de fumer, quand on est enceinte... Et c'est sans parler des femmes, à la ménopause, qui se croient condamnées à engraisser.

Ce chapitre examine ces quelques étapes clés de notre évolution, une à une.

Agir dès l'enfance

Lorsqu'on a un enfant, on veut tout ce qu'il y a de mieux pour lui. On veut qu'il soit en santé, qu'il soit intelligent, qu'il ait des amis et qu'il soit... beau et bien intégré dans son environnement. En tant que parent, on est porté à s'inquiéter si on découvre que son enfant s'arrondit au-delà de ce que l'on pense acceptable. On craint les effets de ces kilos sur sa santé et sur la perception que les autres (adultes et enfants) auront de lui. On craint également, évidemment, l'impact de ces rondeurs sur l'image que l'enfant aura de lui-même et sur sa confiance en soi. On sera particulièrement sensible à ces questions si on connaît soi-même un problème de poids ou si on en a souffert. Que faire?

Les parents scrutés à la loupe

D'abord, il faut que chaque personne qui s'occupe de l'enfant (parents, éducateurs, gardiennes, grands-parents…) se regarde dans le miroir, honnêtement, et analyse, sans se blâmer ou se culpabiliser, ses propres comportements. Il est important de se connaître pour mieux comprendre quels modèles on propose à l'enfant et comment on agit avec lui. On ne veut pas le contaminer avec ses problèmes!

Tous les enfants, naturellement, sont très à l'écoute de leurs signaux de faim et de satiété. Malheureusement, ce sont nous, adultes autour d'eux qui voulant bien faire et avec la meilleure des volontés, contribuons à dérégler ce processus instinctif grâce auquel un enfant, spontanément, mange exactement la quantité de nourriture et indirectement les calories dont il a besoin. Ce qu'on reproduit en tant que parent, c'est bien souvent ce qu'on a appris, tout simplement. Il n'y a rien de plus normal. Sauf que dans ce cas, ce n'est pas souhaitable.

LE MOT DE

GUYLAINE

Souvent, je constate que les parents que je rencontre parce que leur enfant a un surplus de poids ont des comportements très contrôlants avec eux. La nourriture n'est pas facilement accessible à la maison et l'enfant se sent en continuelle privation. Les premiers pas vers une perte de poids de l'enfant : lever le contrôle parental et donner libre accès aux contenus du garde-manger et du réfrigérateur.

Les enfants ont raison

D'abord, il est intéressant de noter que les parents comprennent et acceptent la primauté et la clarté des signaux de faim et de satiété lorsque leur enfant est bébé. Il n'en a pas toujours été ainsi, puisqu'à certaines époques, on privilégiait l'allaitement ou le biberon à heures fixes. Mais aujourd'hui, les spécialistes de la santé s'entendent pour dire qu'il faut nourrir les enfants « à la demande », et peu de gens remettent cette pratique en question. En d'autres mots, les parents écoutent leur bébé. Ils sont attentifs à ses pleurs et comprennent et acceptent qu'il réclame de la nourriture avec ses cris clairs et reconnaissables parmi tous.

De la même façon, ils acceptent que le bébé décide lui-même quand il ne veut plus du sein ou du biberon. Ont-ils le choix? Un bébé qui n'a plus faim cesse de boire, de toute façon, il rejette le sein ou la tétine de lui-même et se met à pleurer s'il est forcé à s'y remettre.

Mais cette confiance des parents envers les signaux de faim et de satiété de leur enfant s'étiole lorsqu'il cesse de hurler pour réclamer sa pitance et la demande plutôt avec des mots.

Lorsqu'il ne crie plus à tue-tête, mais qu'il exprime par la parole son besoin de manger et qu'il dit clairement sans hésiter « j'ai faim! », on dirait que le signal perd une partie de sa crédibilité et de sa légitimité. On le remet en question et on ne permet plus aussi systématiquement à l'enfant de respecter cet appel : « Ce n'est pas l'heure de manger », « On ne grignote pas entre les repas », « Tu viens de terminer ton repas... » Les réponses sont multiples.

Par conséquent, quand le bébé pleure, c'est l'heure de manger, mais quand l'enfant parle, on lui demande d'attendre, d'être patient. On commence à le soupçonner d'être gourmand.

Le rythme biologique perd graduellement de son importance et c'est celui de l'horloge qui devient la référence. C'est ainsi qu'on apprend à regarder l'heure pour savoir si on a le droit de manger. Mais c'est également de cette façon que l'enfant perd ses points de repère naturels.

Une question de confiance

Sauf que l'enfant qui ne mange plus quand il a faim, mais qui le fait plutôt à heures fixes et selon des horaires déterminés par ses parents et d'autres personnes responsables, et surtout l'enfant que l'on ne nourrit pas systématiquement quand il affirme avoir faim peut développer toutes sortes de comportements :

- L'enfant peut commencer à manger plus que nécessaire au repas, par crainte d'avoir faim plus tard et qu'on ne lui donne pas à manger pour assouvir cette faim. Rappelons que contrairement aux adultes, les enfants n'ont pas libre accès à la nourriture. Si les adultes ne les écoutent pas, ils ne peuvent pas répondre seuls à leurs signaux de faim. Ils sont à la merci de ceux qui les nourrissent.

- L'enfant peut se retrouver affamé aux repas et aux collations – quand on lui permet finalement d'en prendre une – et donc de manger trop parce que, comme il a été expliqué au chapitre quatre, le signal de satiété ne fonctionne plus adéquatement dans un corps affamé.

- L'enfant apprend à ne plus faire confiance à son signal de faim et à dissocier l'action de manger de ce signal.

- Une fois que l'enfant a perdu ce contact avec sa faim, il peut commencer à manger pour combler des émotions, comme l'ennui ou la tristesse.

- L'enfant peut développer toutes sortes d'aversions pour des situations particulières liées à la faim, qu'il ne sera peut-être même pas capable de reconnaître. On pense par exemple à l'enfant qui boycotte complètement ses cours de natation en disant qu'il déteste cela, alors qu'en fait, le problème, c'est qu'il est toujours désagréablement affamé en sortant de la piscine.

- Le lien de confiance entre la personne responsable de l'enfant et celui-ci peut se dégrader si l'enfant ne se sent pas écouté lorsqu'il exprime sa faim. Ce lien peut aussi s'altérer si l'enfant a l'impression que ses goûts ne sont pas respectés.

- Plus particulièrement, l'enfant privé de gâteries et d'autres aliments dont il a envie peut développer des comportements déréglés quand ces aliments lui sont finalement proposés. On pense aux jeunes qui mangent des sucreries à s'en rendre malades, car fondamentalement, ils craignent qu'on ne leur en offrira plus.

C'est de cette façon que, graduellement, les signaux internes de faim finissent par ne plus avoir du tout d'écho chez ces enfants. Et c'est de cette même façon que plusieurs enfants prennent des kilos superflus.

Et le *junk food*?

L'accès aux aliments riches en calories – poutines, pogos, boissons gazeuses, etc. – contribue aussi au développement de mauvaises habitudes alimentaires chez les jeunes, notamment parce que cela limite leur alimentation et l'apprentissage des saveurs et des textures. La malbouffe est réductrice. Tout est salé, tout est gras, tout est très sucré, et on n'a nullement besoin de s'arrêter et de faire un effort pour en découvrir les nuances. En ce sens, ce type d'alimentation ne permet pas aux enfants de découvrir la fabuleuse variété de goûts qui s'offre à eux. Or, cette variété est essentielle en nutrition. C'est ce qui permet d'aller chercher tous les nutriments dont on a besoin.

En tant qu'adulte, on a un rôle à jouer pour aider l'enfant à s'ouvrir vers de nouvelles textures, de nouveaux goûts, de nouveaux parfums. Mais on ne doit pas pour autant avoir peur du *junk food* comme de la peste. Comme on l'a déjà dit, il faut apprendre à vivre avec l'existence de la malbouffe et rester serein. Ces aliments ne représentent plus d'intérêt pour les enfants lorsqu'ils sont supplantés par un autre choix plus alléchant, et ils n'ont pas d'impact sur le poids des enfants qu'on laisse libres de manger à leur faim. Le préadolescent qui boit un litre et demi de boisson gazeuse entre deux pogos, en collation, risque de prendre du poids, car ceci représente une quantité gigantesque de calories qui peut difficilement s'inscrire dans les besoins énergétiques normaux d'un jeune. Par contre, le préadolescent qui mange de la poutine et qui s'arrête quand il n'a plus faim ne prendra pas de poids. Évidemment, on pourra dire qu'il serait préférable qu'il se nourrisse d'autre chose que de poutine, mais plutôt de blanquette de veau ou de flétan grillé, par exemple. Mais ça, c'est un autre problème. Pas un problème de poids.

L'école va trop vite

Les écoles ne font rien pour améliorer les choses avec leurs horaires stricts et le rythme effréné des repas durant lesquels il n'y a aucune marge de manœuvre pour laisser les enfants manger tranquillement à leur faim, quand ils ont faim. Il y a des écoles où on fait tellement peu confiance aux enfants qu'ils doivent tous montrer leur sac-repas ou leur plateau vidé à leurs éducateurs et demander aux surveillants s'ils ont assez mangé. Comme si ces personnes en avaient la moindre idée… Et, pensant ainsi limiter les calories inutiles, il y a même des écoles qui remettent en question les collations entre les cours. Ce sont donc des enfants littéralement affamés qui entrent à la maison après la classe et qui se ruent sur tout ce qu'ils trouvent de comestible. Les écoles et les parents devraient veiller à ce que les enfants qui ont faim entre les repas aient accès à de la nourriture qui saura les soutenir.

Oui, on mange entre les repas

À la maison, il est très fréquent que les parents interdisent aux enfants de manger de façon « débridée », entre les repas, de peur que les repas familiaux soient gâchés. Mais est-ce une bonne idée de réserver l'alimentation aux périodes des repas?

Une étude faite dans un centre de recherche[1] a démontré que, malgré les apparences échevelées des habitudes alimentaires des enfants laissés libres, leurs signaux de faim et de satiété sont extrêmement précis. En fait, grâce à leurs signaux, ils peuvent gérer leur consommation de calories de façon très rigoureuse. Même s'ils mangent de façon irrégulière, d'un repas à l'autre, le total d'énergie consommée demeure constant.

Malheureusement, cette façon irrégulière de manger propre aux enfants nous déstabilise souvent. On préfère les structurer. Et le rituel du repas est sacré dans bien des familles, souvent pour de bonnes raisons, notamment la sécurisation de l'enfant par des routines clairement établies.

Ceci peut même amener les adultes à adopter des méthodes assez coercitives pour « organiser » plus méthodiquement la prise alimentaire des enfants[2]. Mais manger en famille ne veut pas dire vider son assiette à tout prix en famille.

Il est normal qu'un parent attentionné, qui prend de son temps précieux pour préparer de bons plats nutritifs et savoureux, soit déçu si son enfant mange avant le repas et arrive ensuite devant son assiette pour en prendre trois bouchées et dire qu'il n'a plus faim.

Un autre scénario classique qui irrite les parents est celui où l'enfant se bourre de pain dès son arrivée au restaurant et qu'il n'a plus faim quand le plat principal arrive. Ou encore, quand l'enfant vide le plat de *chips* en attendant le souper chez une tante ou des amis, mais qui refuse de manger le plat principal pour ne revenir à table qu'au dessert.

Ces situations sont très fréquentes. Tous les parents les ont vécues. Mais elles sont normales : la faim des enfants n'attend pas. Devant ce constat, on peut, comme parent, réagir de deux façons : apprendre à nos enfants à nier leurs signaux de faim et à les dompter, ou alors les écouter et les nourrir à temps, quand ils ont faim, de toutes les bonnes choses qu'ils aiment et qui sont bonnes pour eux. Quelle façon semble la plus adéquate?

Pour bien des parents, la bonne réponse est que l'éducation des enfants passe par la rééducation du signal de faim. Selon eux, l'impatience est un défaut, tandis que d'apprendre à faire « attendre sa faim » est un apprentissage essentiel de la vie en société.

Mais la faim n'attend pas. Elle se met à tenailler les enfants et c'est ainsi qu'on les voit devenir de plus en plus impatients. Et cela ne veut pas dire qu'ils sont mal élevés, ou pire encore qu'ils doivent être corrigés. Ils sont seulement à l'écoute de leur faim.

Agir en respectant la faim de l'enfant

Pour mettre ou remettre son enfant sur la bonne voie, vers une taille normale, sa taille génétique, il ne faut SURTOUT PAS le mettre au régime, lui imposer des privations, et encore moins lui transmettre ses privations[3]. Les études prouvent que plus on entreprend de faire des régimes jeunes, plus on est à risque d'être obèse plus tard. Et plus on commence jeune, plus le surplus de poids est important[4].

Il faut plutôt encourager l'enfant à exprimer sa faim et chercher à répondre à ce signal dès qu'il se manifeste et aussi souvent qu'il se manifeste. Si on a l'impression que l'enfant l'a perdu, il ne faut pas s'inquiéter. Il faut lui redonner la liberté de choisir quand et combien il mange, et on sera surpris de constater que le signal est toujours présent. Chez certains cas isolés d'enfants qui ont déjà développé, malgré leur jeune âge, des comportements alimentaires liés aux émotions, la démarche pourrait être ardue et nécessiter de l'aide professionnelle. Mais on doit commencer par les observer et s'observer avec eux. Et, chose suprêmement importante : on doit faire confiance à son enfant.

De notre côté, on doit choisir quels types d'aliments seront offerts à l'enfant et quels aliments seront disponibles à la maison. N'achetons pas de *chips* pour soi, par exemple, si on veut que l'enfant apprenne à manger autre chose. Il faut être respectueux et réaliste.

Lorsque l'enfant a faim et qu'il le dit clairement, c'est le temps idéal de lui faire découvrir de nouvelles choses : fruits, fromage, amandes grillées, rôties au pain complet, légumes variés, poissons et toutes ces bonnes choses que l'on aimerait qu'il aime et qui lui ouvriront des horizons gustatifs. Ce n'est pas garanti qu'il en mangera et qu'il aimera cela. Mais le meilleur moment pour lui présenter ces aliments est quand il a bien faim.

L'enfant dit non à tout? On peut lui parler et l'aider à découvrir les aliments qu'il aime, discuter avec lui et s'entendre sur une liste commune d'aliments aimés, qui conviennent à tous. Il faut se montrer honnête et généreux. Les choix de l'enfant ne seront peut-être pas ceux que l'on souhaite. Mais ils ne seront pas nécessairement mauvais. Une autre bonne idée : encourager la découverte libre. « Goûte à une petite bouchée seulement, et si tu n'aimes pas cela, ce n'est pas grave. » Et il faut être sincère quand on dit que « ce n'est pas grave ».

Il faut lui proposer toutes sortes de choses. Pourquoi ne pas ressortir les classiques de son enfance : pâté chinois, macaroni au fromage maison, tourtière au bon ketchup aux fruits. Peut-être aimera-t-il les découvertes que l'on a faites ces dernières années, comme les salades bocconcini–tomates ou les asperges sautées à la fleur de sel. On peut servir un poulet entier grillé au four, concocter des œufs brouillés, un bon spaghetti, du pain de viande...

Et lorsqu'il réclamera du dessert, on pourra lui proposer de bons fruits, évidemment – une pêche pas mûre ou une pomme trop vieille le décevront autant qu'elles nous décevraient –, mais il n'y a pas que ça. Pourquoi ne pas lui proposer du yaourt? Pas celui à 0 % de matières grasses, mais plutôt celui qui est bien riche arrosé de sirop d'érable... Les biscuits et les gâteaux faits à la maison sont aussi une option. On doit seulement s'assurer qu'ils plairont à l'enfant. Il faut se mettre à sa place. On n'a qu'à repenser aux aliments que l'on nous offrait enfant. Des muffins aux graines de lin et à la caroube ou des biscuits secs risquent fortement de ne pas le satisfaire et de le conduire directement vers sa réserve secrète de bonbons.

Et pourquoi ne pas respecter le goût de l'enfant pour les choses sucrées. Évidemment, le dentiste nous mettra en garde contre le sucre, car cela contribue à la carie dentaire. Mais parlons-lui de l'approche de ce livre, pour en arriver à une logique réaliste et non idéaliste : à moins d'exceptions, les enfants adorent le sucré. Et les études scientifiques révèlent que le sucre ne les rend pas hyperactifs. C'est un mythe[5].

Santé et réalisme

Pour aider l'enfant à découvrir de nouvelles saveurs et à étendre son répertoire de goûts à l'extérieur des sentiers battus, il faut commencer par s'aider soi-même. Si on veut lui faire essayer un légume ou un poisson, par exemple, on peut gratiner les légumes, et choisir un poisson populaire, facile à aimer – comme le saumon – et surtout ne pas trop le cuire, car il deviendrait sec. Et pourquoi ne pas servir le tout avec du riz cuit dans du bouillon?

LE MOT DE

MARIE-CLAUDE

Combien de fois des gens m'ont-ils raconté que, quand ils étaient petits, ils détestaient le poisson ou tel légume, parce que ce qu'on leur offrait n'était pas de bonne qualité ou était mal apprêté. On peut aisément comprendre qu'un enfant déteste les épinards si on lui en sert des congelés, bouillis (souvent amers), ou encore que l'enfant ait les carottes en horreur si on les lui présente toujours en purée liquide, plutôt que crues et râpées, avec de l'huile d'olive, du vinaigre et du sel. Aujourd'hui, ma cadette pourrait se nourrir exclusivement de bocconcini–tomates. Mais elle préfère nettement les petites tomates des champs, les plus savoureuses. Les enfants savent faire ces différences. Pour les convaincre d'aimer les légumes, on met toutes les chances de son côté s'ils sont frais, bien apprêtés, de bonne qualité, en saison... Bref, s'ils sont bons.

Si on fonctionne en cuisine sur un mode régime antigras, antisucre, antisel, il est normal que l'on ne puisse rien devant la concurrence des pizzas, pogos et compagnie! Il ne faut pas craindre d'utiliser le gras, le sucre et le sel. Il est préférable que l'enfant mange ses légumes sautés à l'huile d'olive plutôt qu'un pogo.

Et si l'enfant a un parti pris clair et net en faveur de la mal-bouffe, eh bien!, on n'a qu'à détourner le processus. On lui prépare des hamburgers avec de la bonne viande hachée, du pain qu'on jugera intéressant et des condiments maison. On confectionnera des pizzas sur du pain pita, avec de la mozzarella fraîche et des tomates en été. Et puis, il y a même moyen de faire des pogos exquis! Vu dans un grand restaurant de Québec : un pogo au thon frais! Délicatement frit et préparé maison, ce morceau de thon pané n'avait aucun des principaux défauts du produit industriel, soit la piètre qualité des ingrédients et le goût banal des produits commerciaux.

Pour convaincre l'enfant de varier son menu, il faut prendre soin de lui offrir de nouveaux aliments et des aliments tout aussi alléchants pour lui que ses valeurs sûres habituelles. Si on fait du blanc de poulet poché aux légumes vapeur – parce qu'on pense que c'est un plat à la fois santé et minceur –, il risque de trouver cela ennuyant ou de ne tout simplement pas aimer.

LE MOT DE

MARIE-CLAUDE

Il est important de persévérer. J'ai offert des épinards frais à mes deux aînés pendant des années avant qu'un jour ils se décident à en manger, en salade, avec une simple vinaigrette sucrée au vinaigre balsamique. Même chose pour le fenouil cru, que je leur fais en salade, tranché finement.

Autre chose à ne pas oublier : les saveurs et les odeurs découvertes durant l'enfance marquent les individus pour le reste de leur vie et constituent des références. Si on se contente d'ouvrir une boîte de pâtes en conserve sous prétexte qu'en bas âge, les enfants ne savent pas apprécier les bonnes choses, il est garanti qu'ils ne l'apprendront jamais. Et si on ne les amène pas à s'ouvrir à une gamme de saveurs très variées, ils risquent fort de n'avoir que les goûts gras et salés des produits industriels et ceux de la malbouffe dans leur répertoire.

Les travaux de la célèbre chef américaine Alice Waters[6] auprès des enfants ont démontré que ceux qui participent à la préparation de leur repas – et encore plus ceux qui ont accès à un potager et prennent part au jardinage de leurs propres légumes – mangent plus de fruits et de légumes que les autres.

Oui aux bonbons, à l'occasion

Bref, il y a toutes sortes de moyens qu'on peut mettre en place, en tant que parent, pour s'assurer que son enfant mange de bonnes choses. Mais la tâche est délicate : on doit amener l'enfant à se diriger volontairement vers des choix sains, tout en sachant faire preuve d'un certain pragmatisme pour qu'il ne se sente jamais privé de gâteries, une situation qui mènerait plus tard à des frustrations et à des excès.

LE MOT DE
MARIE-CLAUDE

Des mamans viennent souvent me demander comment je réussis à convaincre mes enfants de manger des légumes. Chaque fois, je réponds : « Grâce au beurre, au sel et à l'huile d'olive! » (J'utilise aussi de l'huile de sésame, de la sauce soja, du vinaigre chinois sucré…) Les livres sur l'alimentation des enfants nous ont tellement dit et redit de ne pas contaminer leurs papilles avec du sel ou du gras, pour qu'ils apprennent supposément à aimer le goût pur des légumes, qu'on se sent coupable de rajouter le moindre ingrédient. Mais qui aime la purée de brocoli à l'eau?

Et finir l'assiette?

Il est important que l'enfant sache qu'il n'est pas obligé de finir son assiette, et que de la finir n'est pas une façon de faire plaisir à papa ou à maman, ni de leur signifier que le repas était bon. L'enfant doit comprendre qu'il mange parce que c'est bon, et aussi pour pouvoir courir, jouer au ballon, être en forme, aller à l'école, mieux jouer et apprécier la vie. L'alimentation ne doit pas devenir une façon de faire plaisir aux parents et ne doit pas non plus être une source de crainte. L'enfant doit être à l'aise de dire qu'il n'a plus faim.

Car les enfants qui s'écoutent savent reconnaître quand ils n'ont plus faim. Ils laissent automatiquement des aliments dans leur assiette. Un enfant peut aussi bien abandonner une cuisse de poulet qu'un bol de crème glacée. S'il a confiance en ses parents, s'il sait qu'il sera bien nourri quand il en aura besoin et s'il sait qu'il y aura de bonnes choses qui lui plaisent dans son assiette, tous les jours, l'enfant n'aura pas peur de laisser aller la moitié de sa tablette de chocolat favorite quand il n'aura plus faim.

Bien des parents n'aiment toutefois pas que leur enfant ne mange pas toute son assiette et le poussent à la finir. Ils invoquent alors les raisons que leurs propres parents invoquaient : « Si tu ne finis pas ton assiette, tu n'auras pas de dessert », « Il ne faut pas gaspiller », « Pense aux enfants qui n'ont rien à manger »...

Imaginons un enfant qui n'a plus faim et qu'on oblige à terminer son plat principal, par conséquent à trop manger, pour qu'il puisse ensuite manger encore plus, soit son dessert. Quelles leçons en tirera-t-il? Qu'il doit manger plus qu'à sa faim et que, pour manger du sucré, on n'a pas besoin d'avoir faim.

Pourtant, l'objectif devrait être de montrer à l'enfant que le dessert, comme tous les autres aliments, se mange uniquement quand on a faim. Laissés à eux-mêmes, les enfants savent s'organiser pour qu'il leur reste de la place pour une friandise glacée ou du gâteau au chocolat. Ça, tous les parents le savent. Le défi, en tant que parent, est de séduire son enfant avec de bons petits plats de protéines, de fruits et légumes et d'autres aliments nutritifs, pour qu'il daigne leur accorder un peu d'espace dans son petit estomac!

Parfois, lorsqu'on est à une fête ou dans toute autre situation excitante pour lui, l'enfant ne mange aucun plat principal, uniquement du dessert ou des *chips*... Est-ce si grave, puisque tout le reste du temps, il mange bien à la maison? Avec un enfant plus qu'avec quiconque, on doit être réaliste. Et se dire que ce n'est pas un repas hors norme qui ruinera sa santé. C'est mieux que d'essayer de le forcer à manger ses légumes ou sa viande, sur un estomac déjà rempli. On a l'impression que l'enfant sort de la fête et n'a « pas mangé »? Ce serait étonnant. Manger des *chips* et du dessert, c'est manger.

LE MOT DE

MARIE-CLAUDE

Je suis toujours fascinée, lorsque je regarde mes enfants manger, de les voir décréter, à un moment précis, qu'ils n'en veulent plus. Prenez la peine de faire cet exercice. Au milieu d'un cornet de crème glacée, aux trois quarts d'une assiette de spaghetti, après deux bouchées de poulet ou même un demi-biscuit au chocolat... On a tendance à penser que d'autres facteurs entrent en ligne de compte – l'envie d'aller jouer, une distraction, la fatigue, le fait qu'ils n'aiment pas réellement cet aliment en particulier. Mais à force de les regarder, on comprend que c'est simplement la satiété qui agit. Observez-les, ça vaut la peine. Ils vous impressionneront!

L'adolescence

L'adolescence est une période difficile et cruciale. C'est souvent à ce moment que commence le cycle infernal des régimes et des reprises de poids qui peut durer une vie si on ne fait rien pour l'arrêter.

Quitter l'enfance est un défi. Soudainement, le corps d'enfant devient un corps d'adulte. Les formes changent. Les poils poussent. Rares sont les jeunes prêts à embrasser cette nouvelle enveloppe dans l'enthousiasme et le bonheur total. L'adolescence est un moment de transition durant lequel il est très facile de développer des sentiments négatifs, potentiellement fort néfastes à l'endroit de son propre corps, et, par le fait même, à l'égard de la nourriture qui sert à l'alimenter.

Cette période charnière est difficile aussi pour les parents, car les enfants mettent de l'avant, par leurs propres attitudes vis-à-vis de leur corps, ce qu'on leur a enseigné parfois bien malgré nous. Bref, c'est à l'adolescence, et même souvent dans les années qui la précèdent, que les enfants commencent à montrer qu'ils ont tout enregistré de notre propre relation avec notre corps et avec la nourriture.

Si on est sur le qui-vive permanent par rapport à son poids et à la nourriture, par exemple, pourquoi l'enfant serait-il serein en se voyant arrondir? Il saura quoi faire lorsqu'il décidera que le temps est venu de perdre des kilos, car il nous aura entendu parler de calories et d'aliments engraissants toute son enfance. Il pensera que c'est normal. Que la vie, c'est comme ça. Certaines petites filles ont à peine huit ans quand elles commencent à accorder de l'importance à leur poids[7].

Les recherches indiquent que ce sont les premiers régimes, à l'adolescence, qui pavent la voie aux plus grands excès de poids à l'âge adulte. Car ces premiers régimes mettent en marche le grand cercle vicieux des régimes yo-yo menant toujours vers de plus grandes prises de poids. Une étude publiée en 2004 dans le *Journal of the American Dietetic Association*[7] a établi que ce sont les jeunes femmes qui font leurs premiers régimes avant l'âge de 13 ans qui ont le plus de risques de se retrouver parmi les femmes adultes ayant les plus graves excès de poids.

Une autre recherche[8] a par contre démontré que de respecter et d'accepter l'apparence du corps de nos enfants les aide à rester des mangeurs instinctifs (qui respectent leur signal de faim et de satiété), même quand ils sont rendus à l'âge adulte.

Bref, en tant que parent, on doit :

- Amener l'adolescent à ne pas suivre de régime.
- Transmettre des messages très positifs à l'enfant au sujet de son corps. Ce n'est pas le temps de lui dire qu'il a raison de ne pas s'aimer!
- Transmettre à l'enfant des messages inconditionnels d'appréciation et le valoriser.
- Respecter le fait que les besoins énergétiques des adolescents reflètent leur croissance[9].
- Comprendre qu'il est normal, à cause de tous les changements hormonaux, qu'il y ait des prises de poids temporaires... et ne pas paniquer[10]! Il ne faut pas dérégler leur métabolisme à coup de régimes.
- Être attentifs (sans pour autant intervenir) aux fluctuations de poids, à la hausse, mais aussi à la baisse. Ne pas hésiter à aller chercher de l'aide au besoin. On le sait, la nourriture est étroitement liée aux émotions, et si l'adolescent mange trop ou se prive trop, cela pourrait cacher autre chose.
- Respecter les goûts alimentaires des adolescents, qui ne sont peut-être pas les mêmes que les nôtres. Les jeunes veulent se démarquer, n'est-ce pas?

- Reconnaître que, même si la consommation de certains aliments par les adolescents nous décourage, ces aliments font partie de LEUR vie. On doit trouver des moyens de les séduire avec de la bonne nourriture et de toujours chercher à agrandir leur palette de goûts. C'est mieux que de les restreindre en interdisant le *junk food*, surtout qu'il est parfois au cœur de leur vie sociale.

- Leur dire, si nécessaire, qu'il n'y a qu'une seule façon d'être mince dans la vie : en mangeant quand on a faim et en arrêtant quand on n'a plus faim.

Évidemment, on pourrait parler longuement de la relation complexe qu'ont les adolescents avec leur corps. Très souvent, ils ne s'aiment pas et ont besoin d'être rassurés et réconfortés au sujet de leur apparence physique. Mais en même temps, on se doit d'aborder avec eux la question de l'importance de la minceur dans sa vie. Dans bien des cas, les adolescents qui commencent à avoir une vie sociale beaucoup plus subtile et complexe que celle qu'ils avaient en tant qu'enfants, pensent que leur apparence est le centre de tout et y attachent une importance démesurée. Ils croient (comme bien des adultes, d'ailleurs) que s'ils étaient minces (et parfois excessivement minces, comme dans les magazines), tout serait parfait. Cela peut les amener à faire des régimes néfastes à long terme et à se déconnecter de leurs signaux instinctifs garants de leur minceur.

On doit leur exposer la réalité, notamment que les photos des magazines sont habituellement truquées par ordinateur, que les régimes sont un peu comme la cigarette : une fois qu'on a commencé, c'est extrêmement difficile de s'en sortir et qu'ils risquent de causer des carences qui pourront avoir des conséquences sur leur corps. Bref, il faut leur expliquer qu'ils ne devraient jamais commencer à faire des régimes.

Il faut aussi les aider à apprendre que la vie ne se résume pas à la minceur ou à l'apparence et les inciter à se concentrer sur tous les autres aspects de leur personnalité qu'ils doivent mettre en valeur pour maximiser leurs chances de succès, que ce soit pour séduire un garçon ou une fille ou encore pour se faire de nouveaux amis.

Mais dans tout ceci, le message clé sur l'alimentation destiné aux adolescents doit rester le même : manger quand on a faim et cesser quand on n'a plus faim. Et NE PAS FAIRE DE RÉGIME.

LE MOT DE

MARIE-CLAUDE

Plusieurs pensent que les adolescents n'aiment que la mal-bouffe. Pourtant, j'ai souvent vu les goûts des jeunes autour de moi se diversifier considérablement à cette période de la vie. C'est le temps de leur faire essayer des aliments aux goûts plus amers ou complexes qu'on n'osait pas leur offrir plus jeunes : endives, rapini, plats épicés, fromages au lait cru, fruits de mer, ris de veau, boudin... Et généralement, ils trouvent ça *cool*. (Surtout s'ils y goûtent ailleurs qu'à la maison, avec d'autres personnes que leurs parents!) Ces expériences contribuent à diversifier la variété de leur alimentation.

Cesser de fumer sans grossir

Beaucoup de personnes hésitent à cesser de fumer, car elles ont peur de prendre du poids. Par ailleurs, des études démontrent que les jeunes femmes qui commencent à fumer le font de plus en plus pour contrôler leur poids et qu'ensuite, elles continuent au fil des ans, pour maintenir leur poids[11]. Une nouvelle étude montre que même les femmes qui ont arrêté de fumer pendant leur grossesse recommencent à fumer pour s'aider à perdre leur surplus de poids de maternité[12].

Le lien entre la cigarette et le poids est réel et doit être sérieusement considéré. La cigarette peut mener à un problème de santé extrêmement grave et les messages de santé publique sur la lutte contre le tabagisme, surtout ceux destinés aux femmes, ne doivent pas ignorer le facteur poids, sinon ils risquent d'être totalement inutiles.

« J'ai hésité pendant des années à arrêter de fumer, car j'avais peur de prendre du poids », confie Louise, qui a effectivement grossi quand elle a cessé le tabac. Mais elle a par la suite perdu tous ces kilos, en commençant à écouter sa faim et sa satiété.

Les personnes qui fument pour contrôler leur poids ou qui refusent d'arrêter de peur de prendre beaucoup de poids (car ça leur est probablement arrivé dans le passé) vivent une situation extrêmement pénible. Elles se sentent déjà coupables, voire plutôt nulles, de fumer. Mais leur culpabilité est encore plus forte qu'on le pense, parce que, dans leur cœur, elles savent que leur décision de continuer à fumer est liée au poids, un facteur que plusieurs jugent « esthétique » ou « superficiel », donc sans réelle importance. Connaît-on bien des gens qui sont prêts à dire publiquement qu'ils n'arrêtent pas de fumer parce qu'ils ont peur de prendre du poids? Ce serait comme dire haut et fort qu'on juge moins important de mourir (d'un cancer ou d'une crise cardiaque, liés à la cigarette) que de prendre quelques kilos superflus.

De nombreux professionnels de la santé diront que c'est évidemment beaucoup moins grave de prendre quelques kilos que de continuer à fumer. Mais ce n'est pas ce que pensent ces fumeurs qui, grâce aux multiples campagnes de santé publique antitabac, sont tout à fait au courant des effets meurtriers de la cigarette. S'ils sont prêts à continuer de fumer de peur de grossir, c'est que leur crainte de prendre du poids et leur manque de confiance en leur propre capacité à maintenir leur poids, sans cigarette, est réellement profonde.

Rétablir la confiance

De manière générale, il a été clairement démontré que la cigarette exerce un rôle très réel dans la régulation du poids[13]. Elle coupe l'appétit, en plus d'augmenter le métabolisme au repos. Ainsi, les personnes qui fument mangent moins et dépensent plus d'énergie. Aussi, la fumée de la cigarette diminue les perceptions gustatives et olfactives, ce qui réduit le plaisir de manger.

Pour bien des personnes, la cigarette joue également un rôle très utile pour affronter bien des émotions. Un rôle qui serait joué, autrement, par la nourriture. On s'ennuie, on allume une cigarette; on est triste, on fume; on est fâché, une bonne cigarette aidera à se calmer... Imaginez le résultat quand on remplace la cigarette par des bonbons, des *brownies* ou des *chips*... C'est généralement ce qui se passe chez les gens qui prennent beaucoup de poids en arrêtant de fumer. Comme ils n'ont plus la cigarette pour calmer leurs émotions, ils ne peuvent pas s'empêcher de manger.

Pendant longtemps, on a estimé que les individus prenaient, en moyenne, entre 2,2 et 5 kilos en cessant de fumer. Une nouvelle étude conclut cependant que la prise de poids moyenne, à la suite de l'arrêt du tabac, serait plutôt de 10 kilos, ce qui correspond davantage à la perception populaire. Ces nouvelles données terroriseront probablement la plupart des personnes qui fument pour maintenir leur poids ou même en perdre.

Cette prise de poids spectaculaire peut probablement être évitée. Et puis, doit-on se fier à ce chiffre qui a été mesuré sur la population en général? Car cigarette ou pas, la population grossit, de toute façon.

Une donnée plus intéressante serait la prise de poids moyenne, à court et à long terme, des ex-fumeurs qui mangent en respectant leur faim et leur sensation de satiété... Nos observations nous laissent croire qu'on verrait bel et bien une prise de poids immédiate, mais modeste, qui se résorberait ensuite complètement à moyen et à long terme.

LE MOT DE
MARIE-CLAUDE

J'ai cessé de fumer il y a une dizaine d'années et j'étais terrorisée à l'idée de prendre beaucoup de poids. Les deux premières fois que j'avais cessé la cigarette, c'est ce qui m'était arrivé, et seul le tabac m'avait permis de perdre tous ces kilos. Avant d'arrêter de fumer pour de bon, j'ai décidé qu'il fallait absolument que je comprenne pourquoi j'avais besoin de fumer et pourquoi je remplaçais la cigarette par la nourriture lorsque je ne fumais plus. Le processus n'a pas été simple. Mais j'ai été capable de cesser de fumer sans douleur et sans prise de poids (j'ai pris deux kilos dans les mois qui ont suivi pour les perdre avant la fin de l'année). J'ai compris que la cigarette et la nourriture jouaient, dans ma vie, exactement le même rôle pour m'aider à taire ou à calmer certaines émotions.

Pour éviter une prise de poids majeure à la suite de l'arrêt de la cigarette, il est important d'avoir une relation saine avec la nourriture, pour que les aliments ne commencent pas à jouer les mêmes rôles « émotifs » que le tabac. Certains préféreront régler ces questions avant d'arrêter la cigarette.

Ceux qui fument et ceux qui mangent sans faim ont un problème commun : cette nécessité de se mettre quelque chose dans la bouche, pour des raisons qui n'ont rien à voir avec le besoin de se nourrir. Si on cherche, seul ou avec de l'aide professionnelle, les raisons qui motivent la nécessité de ces béquilles, deux problèmes devront être réglés : le besoin psychologique de fumer (et non la dépendance chimique à la cigarette, qui se traite autrement), et cette habitude de manger liée aux émotions.

Réflexions sur la grossesse

Évidemment, toutes les femmes enceintes doivent être suivies par un professionnel de la santé et seul ce professionnel est réellement habilité à émettre des conseils sur leur poids. Certaines femmes doivent prendre plus de poids que d'autres, selon leur situation propre. La prise de poids est un des éléments importants de la grossesse. Elle permet notamment d'en mesurer la progression.

Voici tout de même quelques pistes de réflexion sur quelques questions.

Pour certaines femmes, devenir enceinte est le commencement de la fin de la minceur. On a tellement entendu sa mère et ses tantes dire comment elles n'ont jamais retrouvé leur poids de jeunesse après avoir eu des bébés!

Mais les images de plus en plus nombreuses des vedettes enceintes dans les médias présentent l'inverse. Elles sont toutes plus minces les unes que les autres pendant leur grossesse, avec juste un petit bedon rond pour prouver leur état. Et elles retrouvent leur taille initiale quelques mois, même quelques semaines à peine, après avoir accouché.

Que doit-on alors penser? Y a-t-il moyen de ne pas sortir d'une grossesse avec un surplus de poids? Pourrait-on rester mince, comme les vedettes, quand on est enceinte? Les femmes enceintes qui grossissent sont-elles toutes des gourmandes sans volonté?

D'abord, pour certaines femmes, la grossesse est un long épisode de maux de cœur, surtout durant les premiers mois. Tout ce qui compte alors est de se rendre à la fin de la journée dans un état le moins inconfortable que possible. Il est normal, dans

ces circonstances, que la future maman ne puisse pas appli-
quer à la lettre les dernières directives à la mode sur l'alimentation parfaite de la femme enceinte qui veut avoir un corps (et
un bébé) idéal. Avant même de penser à se sentir coupable, la
femme enceinte prise de malaises doit parler de sa situation au
professionnel de la santé qui assure son suivi, qui effectuera
une évaluation.

Il y en a qui trouveront peut-être un bon côté à tous ces vomis-
sements : cela empêche de grossir, surtout au début, même
que ça peut faire maigrir. MAUVAISE IDÉE! La grossesse n'est
pas un concours de minceur.

Des études ont en effet démontré que les bébés des femmes qui
restent très minces en s'alimentant trop peu durant leur grossesse sont clairement plus à risque que les autres de devenir
obèses dans leur vie[14,15].

Comme si ces bébés avaient enregistré, alors qu'ils étaient
encore dans le ventre de leur mère, qu'ils devaient toujours
craindre une famine éventuelle et qu'ils s'étaient adaptés en
conséquence.

Les femmes éternellement au régime et qui pensent que les
vedettes de cinéma sont des modèles doivent aussi comprendre
que la grossesse est un moment où il est normal de prendre un
certain nombre de kilos. Et pas juste le poids strictement ré-
servé au bébé et au liquide amniotique. Il est normal de prendre,
en plus, des kilos de gras. Cela fait partie du processus normal
de reproduction. Ces réserves sont destinées, notamment, à
l'allaitement. Celles qui mangent selon leur faim et leur satiété
verront ce gras partir lorsque le bébé sera sevré.

Autre remarque importante : les polluants qui se retrouvent malheureusement dans notre corps sont stockés dans le gras. La
grossesse et l'allaitement ne sont surtout pas le moment de maigrir et d'aller puiser au fond de ces réserves, car cela mettrait
ces polluants en circulation dans notre corps. Ces polluants

ne sont peut-être pas très nocifs pour nous, mais ils pourraient l'être pour un fœtus ou un jeune enfant en plein développement.

La grossesse est l'un des moments de la vie où les signaux de faim et de satiété sont les plus clairs et les plus précis. Il faut plus que jamais les écouter, peu importe l'heure. Pour bien des femmes enceintes, la faim ne demande pas, mais ordonne d'être écoutée, et vite! Les collations qu'il est possible de traîner partout doivent devenir des éléments incontournables de leur quotidien.

Plusieurs femmes prennent beaucoup de poids quand elles sont enceintes parce que la grossesse sonne pour elles la fin des interdits. Elles ont enfin le droit de grossir.

« J'ai pris plus de 25 kilos quand j'étais enceinte. Je me permettais tout. Moi qui étais toujours au régime autrement, j'avais l'excuse parfaite pour ne plus rien écouter », raconte Véronique, une maman dans la trentaine qui a perdu près de 10 kilos en écoutant sa faim et sa satiété.

Les femmes qui veulent avoir des enfants ont ainsi intérêt à se réconcilier avec les aliments interdits et à apprendre à reconnaître leur satiété, avant de tomber enceintes. Car s'il est vrai qu'on a faim quand on est enceinte et qu'il faut bien manger, ce n'est pas une raison pour manger au-delà de la satiété. Car à ce moment-là, comme à n'importe quel autre moment de la vie, manger au-delà de la satiété finit par faire prendre des kilos inutiles.

La bedaine de la trentaine (ou de la quarantaine...)

À l'adolescence, traditionnellement, ce sont plus souvent les filles que les garçons qui se préoccupent de leur poids, qui se mettent « à la diète » et qui embarquent ainsi dans le cycle infernal des régimes yo-yo.

On constate que les garçons deviennent, eux aussi, préoccupés de façon excessive par la taille et la forme de leur corps à l'adolescence. Et, de plus en plus, on les voit adopter des comportements à risque (prise de stéroïdes, entraînement musculaire à outrance, régimes draconiens, etc.) qui pourraient, autant à court qu'à long terme, s'avérer tout aussi néfastes que ceux des filles. Ce phénomène est cependant assez récent et il est trop tôt pour dire comment ces jeunes hommes évolueront, en tant qu'adultes, à la suite de ces habitudes prises à l'adolescence.

Actuellement, les hommes qui sont dans la trentaine ou qui entrent dans la quarantaine étaient adolescents il y a de 15 à 25 ans. À leur époque, les garçons adolescents n'étaient pas aussi obsédés par les régimes et leur poids que le sont les adolescents d'aujourd'hui, et surtout pas autant que les filles de leur génération. Bref, beaucoup d'hommes de 30 ou 40 ans n'ont jamais suivi de régime amaigrissant de leur vie et ont toujours mangé à peu près ce qui leur plaisait.

Pourquoi, alors, commencent-ils maintenant, petit à petit, à voir leur ventre prendre de l'expansion? Et que peuvent-ils faire?

Les recherches révèlent clairement que les hommes prennent du poids avec les années, mais la science n'arrive pas effacer le flou qui subsiste, le temps venu d'en expliquer la raison exacte.

Chez les femmes, les changements hormonaux de la ménopause fournissent une bonne partie de la réponse, mais chez les hommes, rien de tel ne se produit.

Avec les années, les hommes perdent de la masse musculaire (comme les femmes, d'ailleurs), ce qui pourrait expliquer un ralentissement du métabolisme de base. Mais des recherches présentent le constat que même les hommes pratiquant la course à pied, donc qui maintiennent leur masse musculaire, prennent environ 1,5 kilo et environ 2 cm à la taille tous les 10 ans[16].

Bref, le mystère plane.

Mais cette prise de poids est réelle et particulièrement remarquée, car elle se situe principalement autour de la taille, ce qui est aussi visible que nuisible. La présence de gras au niveau de l'abdomen est associée à des problèmes de santé tels qu'un taux élevé de mauvais cholestérol, un très faible taux de bon cholestérol et de l'hypertension artérielle. Un tour de taille supérieur à 102 cm pour les hommes nord-américains est considéré comme un risque important de maladie cardiovasculaire. Le gras de cette région du corps se loge entre les organes, et non pas sous la peau, comme dans le reste du corps, et intervient par conséquent dans le bon fonctionnement des organes vitaux.

Si aucune raison scientifique n'explique complètement cette prise de poids chez l'homme adulte, plusieurs questions peuvent être lancées pour amorcer une réflexion sur ce phénomène. Ceux qui constatent ce problème peuvent s'interroger selon les pistes suivantes et se demander s'ils ont, petit à petit, développé des habitudes qui les amènent à manger au-delà de leur faim.

- Avec les années, les hommes accumulent souvent de plus grandes responsabilités professionnelles et familiales. Tout cela peut causer du stress. Est-ce ce qui amène les hommes à manger plus qu'ils le devraient?

- En devenant adultes, les hommes ont souvent des revenus plus élevés, davantage d'occasions sociales et professionnelles d'aller au restaurant et de consommer de l'alcool. Est-ce ainsi qu'ils mangent au-delà de leur satiété?

- C'est généralement vers la fin de la vingtaine et dans la trentaine que les hommes ont les revenus nécessaires pour posséder une voiture, ce qui a un impact direct sur la dépense énergétique. La prise alimentaire est-elle ajustée en conséquence?

- Avec un emploi plus prenant et une famille à éduquer, les hommes ont peut-être moins de temps qu'avant pour prendre soin d'eux-mêmes, en allant jouer dehors et faire de l'exercice?
- L'homme finit les assiettes de sa conjointe et de ses enfants.

Pour ces hommes, comme pour toutes les autres personnes qui souffrent de surpoids, il est nécessaire de rétablir le contact avec le signal de la faim. Il faut étudier sa façon de manger, apprendre à respecter sa sensation de satiété...

Si vous êtes un de ces hommes et que vous songez pour la première fois de votre vie à perdre quelques kilos, comptez-vous chanceux! Vous n'avez pas les années de privations et de frustrations accumulées par ceux et celles qui sont au régime depuis toujours. Le processus risque donc d'être plus facile pour vous.

Et ce n'est surtout pas le temps de vous mettre au régime pour la première fois de votre vie!

La ménopause

La ménopause marque un moment important dans la vie des femmes. Pour certaines, c'est une libération. Elles se sentent pleines de force et de vitalité et profitent de ce moment pour faire des changements dans leur style de vie qui auront un impact positif sur leur santé à long terme.

Par contre, pour d'autres, même si elles ont pour la majorité déjà renoncé au désir d'enfanter, l'arrêt définitif des menstruations présente une autre réalité : celle de vieillir. Dans une société où la jeunesse est très valorisée, la ménopause donne l'impression à ces femmes que leurs belles années sont derrière elles.

Cette étape apporte à la majorité des femmes de réels inconforts physiques tels que des bouffées de chaleur, de l'insomnie, etc. Certains spécialistes avancent que la façon de se préparer à ces changements peut avoir un impact sur l'intensité des symptômes. Plus cette étape naturelle est vécue sainement et sereinement, moins gênants seront les symptômes[17].

Un autre changement physique très fréquent chez les femmes ménopausées est la diminution du tonus musculaire, qui entraîne une diminution du métabolisme de base et une réorganisation des graisses corporelles. Sans la moindre prise de poids, le corps se modifie. La graisse, qui, avant, se logeait davantage aux fesses et aux cuisses, tend à aller vers le ventre. Ce changement dans la disposition du gras corporel est souvent très mal accepté, bien qu'il soit tout à fait normal.

À la puberté, l'arrivée des hormones sexuelles comporte son lot de changements corporels et émotifs. Le départ de ces hormones a un impact tout aussi naturel que le premier. Sauf que tout changement doit être suivi d'un ajustement.

Le corps ralentit, tandis que la dépense énergétique est diminuée. Les apports alimentaires doivent donc être ajustés en conséquence. La majorité des femmes n'étant pas en contact avec leurs signaux de faim et de satiété, elles ne réalisent pas que leurs besoins ont changé. C'est ainsi qu'elles disent ne pas comprendre leur prise de poids à la ménopause, alors qu'elles affirment n'avoir rien changé à leurs habitudes alimentaires... Là est l'erreur.

En étant, même durant et après la ménopause, à l'écoute de ses signaux de faim et de satiété, il est possible de perdre le poids pris durant cette étape de changements.

Ce qu'il faut, c'est oublier complètement les anciens repères qu'on avait relativement aux quantités. Cette étape est difficile.

Réaliser à quel point on n'a plus besoin d'autant de nourriture qu'avant peut s'avérer une grande déception. De nombreuses femmes qui, en se mettant à l'écoute de leurs signaux de faim et de satiété, réalisent qu'elles n'ont plus à manger autant (en comparaison avec leur préménopause) pour être repues et vivent à ce moment une peur réelle de manquer de nourriture.

Les femmes sont en effet surprises de constater qu'elles ont, dans bien des cas, besoin de seulement la moitié de ce qu'elle croyaient satisfaisant.

L'important est d'entreprendre le processus par le commencement et de maintenir l'objectif de retrouver le signal de la faim pour manger aussi souvent qu'elle est ressentie.

Les femmes qui ont pris beaucoup de poids après la ménopause devront, dès les premières semaines du processus, diminuer leurs portions habituelles de façon particulièrement marquée. Ceci pourra leur faire peur et sembler un peu draconien. Mais il ne faut pas avoir de craintes, car si elles ont faim après le repas, elles n'auront qu'à manger de nouveau. L'objectif est d'ajuster les quantités à leurs besoins réels.

Les femmes en ménopause peuvent suivre l'approche proposée dans ce livre sans problème et sans indication spéciale, sinon que de porter une attention particulière, au début, aux quantités prises lors des repas principaux.

LE MOT DE
GUYLAINE

Les femmes ménopausées qui me consultent ont généralement l'impression qu'il est trop tard pour maigrir. Que c'est impossible après un certain âge et surtout après la ménopause. Mais ce n'est pas vrai. J'ai accompagné et j'accompagne actuellement plusieurs femmes ménopausées qui perdent du poids en écoutant leur faim et leur sensation de satiété. Les régimes amaigrissants traditionnels ne fonctionnent pas bien chez les femmes ménopausées parce que, dans bien des cas, elles en ont suivi une multitude dans leur vie. Il n'y a pas d'âge pour commencer à s'écouter mais plus le nombre de régimes suivis est élevé, plus le retour au signal de la faim et à la sensation de satiété seront longs. Il suffit d'être patiente. Tout se replacera graduellement.

EN RÉSUMÉ

- Ne JAMAIS mettre un enfant ou un ado au régime.
- Écouter les enfants quand ils disent qu'ils ont faim mais aussi quand ils disent qu'ils n'ont plus faim, même s'ils n'ont pas tout mangé ce qu'on leur a donné.
- Il est normal de prendre du poids enceinte. Chercher à rester très mince durant la grossesse peut augmenter le risque que le bébé devienne obèse en vieillissant.
- Il n'est pas obligatoire de prendre du poids à la ménopause.
- Les hommes peuvent et doivent éviter de laisser pousser leur « bedaine » de la quarantaine.

Racha Bassoul
Les saveurs avant tout

Copropriétaire et Chef du restaurant Anise, rue Laurier Ouest à Montréal, Racha Bassoul fait partie de ces femmes que l'on appelle généralement « belles, grandes et minces ». Sauf que, contrairement aux mannequins et autres actrices, qui manquent parfois un peu de crédibilité lorsqu'elles se proclament gourmandes, Mme Bassoul, elle, on la croit.

Il n'y a qu'à manger sa cuisine ou à l'écouter parler de nourriture pour comprendre à quel point cette Montréalaise d'origine libanaise accorde une réelle et sincère importance au plaisir de la table, « le plus noble », déclare-t-elle, comme si tout cela allait de soi.

206

Mme Bassoul est mince, mais elle n'a jamais suivi un régime de sa vie. Et elle ne se prive jamais de certains aliments. « Je mange de tout modérément, dit-elle, et je mange lentement. » Et la chef n'a qu'un seul critère pour choisir ce qui s'en va dans son assiette : « Je prends ce que j'ai envie de manger. »

Ceux qui connaissent son restaurant savent, cependant, qu'elle ne cuisine jamais avec la crème et ne monte jamais les sauces au beurre. Mais ce choix n'a absolument rien à voir avec les calories, affirme Mme Bassoul. « La crème, pour moi, donne un goût ennuyant aux choses. Et les sauces montées au beurre ont dans ma bouche une texture qui n'est pas agréable. » Si elle les aimait, les utiliserait-elle, compte tenu de leur richesse en calories? « Oui, mais en quantités modérées. »

Est-ce dire que les minces « naturelles » sont toujours raisonnables et posées et ne font jamais de folie?

« J'adore le pain, dit Mme Bassoul, et je sais que je peux en manger beaucoup, peut-être trop. Donc parfois je me dis que je devrais en manger moins. Mais je sais aussi que, si je m'en prive complètement, ça va me manquer et qu'éventuellement

je vais vouloir en manger encore plus. Alors j'en mange un peu. Je fais mon pain ici et je mange un morceau de chaque sorte. J'essaie de manger lentement et d'en tirer le maximum de plaisir, de bien sentir les choses. Et c'est généralement là que je me rends compte que je n'en ai pas besoin de plus. »

Le plaisir que l'on a à manger, dit-elle, est intimement lié à notre capacité de mesurer de façon juste la quantité de nourriture qu'il nous faut : « Lorsqu'on mange quelque chose de vraiment bon, on n'a pas besoin d'en manger beaucoup. Je ne crois pas à l'idée de manger trop d'une bonne chose. Dès la troisième bouchée on ne goûte plus autant qu'à la première. Donc quand on mange avec plaisir et qu'on en est conscient, on ne peut pas manger trop. C'est quand on mange par frustration qu'on engloutit n'importe quoi, qu'on mange trop. »

Mme Bassoul croit aussi que l'appétit est important pour bien apprécier le plaisir de la table : « Quand on a faim, on goûte plus, on est plus réceptif. Nous sommes alertes. À moins d'être carrément affamé… À ce moment-là on perd cette réceptivité, on ne fait qu'engouffrer de la nourriture. »

Rasha Bassoul applique-t-elle consciemment les principes de cette approche basée à la fois sur la modération et le plaisir des saveurs?

« Il faut analyser un peu mais pas trop. Il faut être vigilant, se demander : ai-je vraiment besoin de ça, ou non? »

En fait, explique-t-elle, il y a à la fois des automatismes et des réflexions conscientes. « Il ne faut pas que la gourmandise devienne une excuse pour ne pas se poser de questions. Mais souvent, ça arrive tout seul. On mange et on réalise qu'on est bien et qu'on n'a pas besoin de plus. »

Chose certaine, la présence du signal de la faim est un élément important de son quotidien. Elle explique même qu'elle gère sa faim pour qu'elle soit au rendez-vous quand des occasions de manger agréables se présentent, comme le repas de 17 h avec son équipe au restaurant : « Je m'arrange pour avoir faim, pour pouvoir en profiter. C'est comme ça que j'apprécie le plus le repas et la compagnie. »

Chapitre 8

Et la santé dans tout ça?

Beaucoup de gens sont sceptiques devant la liberté totale de choix alimentaire proposée par l'approche antirégime. Ils ont de la difficulté à croire qu'ils pourront encore « bien » se nourrir si on leur donne un feu vert total. Ils pensent qu'ils vont arrêter de manger des fruits, des légumes, du poisson... Certains croient même qu'ils pourraient mettre leur santé en danger s'ils arrêtaient soudainement de faire la chasse aux « mauvais aliments » et choisissaient plutôt de se faire plaisir avec leurs aliments interdits.

La réponse à cette question cruciale doit se faire en plusieurs temps, pour clarifier de nombreux mythes.

D'abord, il n'est pas vrai qu'on cesse de manger santé quand on peut manger ce qu'on veut. Les recherches le montrent clairement[1].

Ensuite, ce n'est pas parce qu'on mange des aliments sains qu'on est à l'abri de l'embonpoint et de tous les problèmes de santé que cela peut occasionner.

Il est important que les gens qui ont peur de manger moins santé en abandonnant leurs régimes restrictifs se demandent honnêtement si, lorsqu'ils suivent leurs régimes ou leurs restrictions quotidiennes habituelles, ils mangent réellement aussi santé qu'ils le pensent.

Est-ce que le faux sucre dans le café est un choix santé?

Est-ce que les aliments allégés industriels du commerce sont des choix santé?

Est-ce que manger sans limites des plats très gras permis par plusieurs régimes proprotéines et antiglucides est réellement un choix santé?

Et la liste pourrait continuer.

LE MOT DE

GUYLAINE

Dans ma pratique, je constate régulièrement que les gens idéalisent leurs propres habitudes alimentaires, comme si, chaque fois qu'ils « trichent », cette nourriture ne faisait pas réellement partie de leur alimentation. Ils pensent manger santé, mais ils oublient le contenu de leurs écarts.

Oui, il est important de se préoccuper de l'impact de son alimentation sur sa santé. Mais pour le moment, si on se fie aux données publiées au printemps 2006 par Statistique Canada, on réalise que les directives de saine alimentation communiquées depuis des décennies sont bien écoutées et suivies. Comparativement à il y a 20 ans, c'est frappant : on mange davantage de fruits et de légumes, on boit du lait moins gras, on a délaissé la viande rouge pour la volaille... Mais on devient quand même de plus en plus gros. Probablement parce qu'on mange 2 000 calories supplémentaires par semaine comparativement à il y a 30 ans[2].

Et, plus déroutant encore, de nouvelles recherches remettent en question les directives officielles antigras et prolégumes. Une imposante étude américaine, la Women's Health Initiative, financée par le gouvernement américain et menée auprès de 50 000 femmes ménopausées sur une période de 15 ans, fait la preuve que, jusqu'à présent, les régimes faibles en gras et riches en fruits et légumes et en grains complets ne réduisent pas les risques de maladies cardiovasculaires ou de cancers du sein ou du colon. Les résultats de cette recherche ont été publiés en février 2006.

Bref, bonjour les bémols.

Et on ne parle même pas du fait que maintenant, la préoccupation pour l'alimentation santé a tellement dérapé et pris de l'ampleur chez certaines personnes que cette obsession fait maintenant partie des problèmes alimentaires sous le nom d'orthorexie[3].

L'obésité n'est pas un choix santé

Puisque l'obésité est un problème de santé, lutter contre l'obésité est en soi une option santé.

Pourquoi l'obésité est-elle si nuisible?

La capacité du corps de mettre du gras en réserve a une limite. Mais chez les personnes obèses, une fois leur réserve remplie, leur corps ne cesse pas d'engraisser. Et comme le gras ne peut plus aller dans la réserve, il se dépose dans les muscles et dans les autres organes, comme le foie et le pancréas[4].

Or, il s'avère destructeur, pour les organes, d'entreposer du gras[5,6,7]. En temps normal, le corps possède des transporteurs qui conduisent sans relâche ces lipides vers les réserves pour éviter qu'ils n'endommagent les muscles et les organes. Mais lorsque la réserve de gras est remplie à pleine capacité, les transporteurs ne parviennent pas à empêcher le dépôt de gras dans les organes. Les lipides s'accumulent ainsi là où ils ne le devraient pas.

Lorsque le gras se dépose dans le foie, ce dernier essaie, pour ne pas être engorgé, de le remettre en circulation, ce qui a pour conséquence d'augmenter la quantité de gras dans le sang. Ceci est très néfaste pour la santé, car cette augmentation représente un facteur de risque de maladies cardiovasculaires et d'accidents cérébrovasculaires (ACV).

Cependant, le foie n'est pas la seule victime du débordement de la réserve de gras, car le gras se dépose également dans les muscles. Ceux-ci commencent alors à utiliser le gras plutôt que le sucre comme source d'énergie. Puisque, chez les gens obèses, le sucre n'est plus utilisé par les muscles, il demeure dans le sang où son taux augmente. Ceci conduit vers le diabète.

L'utilisation du gras par les muscles cause un second problème, puisque le gras n'est pas fait pour être directement dans les cellules musculaires. Cette utilisation produit une réaction toxique qui détruit graduellement les muscles. Comme ils constituent une des plus grandes dépenses énergétiques du corps humain, leur destruction entraîne une diminution de la quantité d'énergie utilisée par le corps. Cette perte de muscle favorise la prise de poids, car le corps brûle moins d'énergie. Un cercle vicieux de prise continuelle de poids s'installe, et il ne peut être désamorcé que par la pratique d'activités physiques destinées à rétablir ou à augmenter la masse musculaire.

Lorsqu'on sait à quel point l'obésité est néfaste pour la santé, on comprend que la moindre perte de poids peut avoir un effet très bénéfique. Elle désengorge les réserves de gras et permet au gras de ne plus aller vers les muscles et les organes vitaux. Cependant, le temps est compté pour ceux qui ont un surplus de poids. Car à partir du moment où la réserve de gras déborde, les dommages aux muscles et aux organes causés par le gras deviennent irréversibles. Par exemple, le gras qui se dépose dans le pancréas détruit les cellules qui fabriquent l'insuline.

L'obésité n'est pas douloureuse, physiquement, à tout le moins. Mais elle contribue aux maladies cardiovasculaires, au diabète et elle est un facteur de risques pour plusieurs cancers. Bref, elle cause de nombreuses maladies qui peuvent réduire de façon marquée l'espérance et la qualité de vie.

Mis à part les gens déjà très minces qui ne se voient cependant pas minces, la plupart des gens qui veulent perdre du poids ont réellement des kilos en trop. Il est normal qu'ils veuillent les perdre et ce désir n'est pas un caprice lié à leur vanité. C'est réellement un choix santé qui se défend solidement.

Cela dit, perdre du poids n'est pas une tâche facile. Mais c'est faisable si on s'y prend de la bonne façon et si on est réaliste. Le jeu en vaut réellement la chandelle.

Comme il a été expliqué au chapitre deux, perdre du poids rapidement en suivant un régime amaigrissant draconien n'est pas une option pour les gens obèses. Il y a même de fortes probabilités que ce soit les régimes qui les aient amenés vers le surpoids. Discutez-en avec eux, et ils vous diront probablement qu'ils seraient bien contents, aujourd'hui, d'avoir le poids qu'ils avaient le jour où ils ont fait leur premier régime.

En revanche, ceux qui perdent du poids grâce à cette approche antirégime, de même que ceux qui mangent instinctivement font diminuer les probabilités de maladies néfastes associées à l'obésité[8].

« J'ai suivi cette approche pendant plusieurs mois avant de voir une différence sur le pèse-personne. Mais j'allais chez le médecin et mon bilan de santé s'améliorait. Mon tour de taille a même diminué de quelques centimètres avant que je commence à maigrir. Maintenant, j'ai perdu plus de huit kilos et je contrôle mon diabète », confie George.

Apprendre à vivre avec la malbouffe

La lutte contre l'obésité et la recherche d'une minceur équilibrée et santé passent par le rejet des interdits. Est-ce la même chose que de dire que ce livre encourage librement la consommation de frites, de boissons gazeuses et d'autres « cochonneries » bourrées de gras saturés et de sel? Pas du tout.

Ce livre propose une approche nouvelle face à l'acte de manger et à la relation que les gens entretiennent avec la nourriture. Les aliments mis aux bans par les régimes et bien des professionnels de la santé, bref, tous ces « aliments engraissants » font partie de notre paysage alimentaire, qu'on le veuille ou non. Ce livre propose des moyens pour apprendre à vivre avec eux.

Cette approche ne transformera pas des adeptes de steaks de thon frais avec salade de fenouil en mangeurs de hamburgers avec frites-sauce. Les choix alimentaires sont des choix personnels qui demeurent personnels, même quand on décide de perdre du poids. Et tous les gens mangeront différemment en appliquant les principes de ce livre. Chacun mangera à sa façon.

Évidemment, certains diront que l'on est en droit de s'intéresser à ce que mangent les autres, puisque l'on est inquiet de la facture collective en soins de santé qui nous tombera sur la tête lorsque l'on commencera tous à subir les conséquences de nos mauvaises habitudes alimentaires en général.

Mais si les concitoyens réussissent à perdre du poids et à lutter contre leur obésité tout en incorporant raisonnablement des frites ou du fromage triple crème dans leur quotidien, doit-on leur dire d'arrêter et de manger plutôt des fruits et des légumes?

Veut-on lutter contre l'obésité et les maladies qui en découlent, ou veut-on plutôt imposer une norme morale (ou gastronomique) sur ce qui est acceptable comme menu?

La modération est très santé

Cela dit, l'approche prônée par ce livre est fondée d'abord et avant tout sur l'équilibre et la modération et mène, de façon systématique pour les gens en surpoids, à la réduction des quantités de nourriture consommées quotidiennement. Le feu

vert pour les aliments normalement interdits par les professionnels de la santé n'est pas un feu vert à l'excès. Au contraire.
Ce sont les régimes trop draconiens et irréalistes, qui ne tiennent pas compte de la nature humaine, qui mènent aux excès
et à la consommation déraisonnable d'aliments interdits. Pas
cette approche.

Les recherches scientifiques ont d'ailleurs clairement indiqué[1]
que les individus laissés à eux-mêmes mangent de façon tout
à fait équilibrée. Si on vous permet de manger des frites (ou
des huîtres, ou de la saucisse, ou de la mousse au chocolat)
tout à fait librement, pensez-vous en manger tous les jours, six
fois par jour, pour le restant de votre vie? Non. Vous voudrez
manger autre chose! Demandez à quiconque ayant déjà mangé
du foie gras poêlé : on vous dira que c'est la meilleure chose au
monde, pour les trois premières bouchées. Après, c'est déjà
trop. On pourrait nous donner officiellement la permission d'en
manger un kilo qu'on ne le ferait pas.

La levée de l'interdit crée une euphorie temporaire à l'endroit
des aliments visés. Mais à moyen et à long terme, lorsque la
liberté est bien intégrée, on en revient. Et on recherche autre
chose.

Manger santé ou bien manger?

Manger santé est un choix qui n'est pas nécessairement synonyme de minceur.

De la même façon, manger minceur n'est pas synonyme de
manger santé.

De façon générale, on entend ici par « aliments santé », les aliments décrits comme tels dans le discours dominant sur la
nutrition : fruits, légumes, viandes maigres, poissons, laitages
écrémés et autres sources de protéines maigres, etc.

Généralement, les aliments qui ne font pas partie de la liste des aliments santé contiennent des gras saturés et du sucre ou alors ont été transformés industriellement et contiennent trop de gras, de sel, de sucre, d'additifs chimiques, etc. pour la conservation des aliments et non pour la saveur.

Avec tout le discours sur l'importance d'une alimentation santé comme outil contre l'obésité, plusieurs confondent désormais les deux concepts. Les plats minceur, surgelés et industriels, qu'on achète à l'épicerie, sont-ils des choix santé? Même chose pour les biscuits allégés et autres boissons sucrées artificiellement dont la consommation est encouragée par les régimes amincissants.

En revanche, manger des fruits et des légumes ainsi que des produits laitiers bio, du pain complet et des viandes maigres tous les jours ne met pas à l'abri des kilos en trop. On peut très bien manger trop de tous ces produits et traîner des surplus de poids. Adopter un régime végétarien n'est pas, non plus, une promesse de minceur.

- 1 boîte de thon : 200 calories
- Salade et vinaigrette 60 ml : 260 calories
- Yogourt 0 % de m.g. : 90 calories
- 1 fruit : 60 calories

Total : 610 calories

Il s'agit ici de quantités « normales ». Imaginons une personne qui a la certitude que les aliments santé ne peuvent faire grossir :

- 400 g de steak de thon ou de saumon : 570 calories
- Huile d'olive et jus de citron : 250 calories
- Salade et vinaigrette : 400 calories

Donc le repas santé par excellence sans féculents juste du poisson et des légumes : 1220 calories

Si vous aviez écouté vos signaux ils vous auraient dit quand arrêter...

La recherche d'une alimentation santé et équilibrée et la quête de la minceur ont souvent été confondues et mélangées, pour donner lieu à des aberrations culinaires qui n'aident personne.

Par exemple, on dit depuis des années qu'il faut abandonner le gras et manger plus de légumes. Mais qui pense réellement pouvoir convaincre un amateur fou de frites de laisser tomber sa passion pour la remplacer par un chou-fleur à la marguerite, préparé sans le moindre beurre, et nullement gratiné? Il faut être réaliste!

Une observation trop rigoureuse des règles de l'alimentation santé peut conduire directement à l'opposé de l'objectif. Le gras et le sel sont deux véhicules de saveur sans pareil. Lorsqu'on les interdit, on pousse les consommateurs, par dépit, à faire des excès d'aliments savoureux ailleurs. Qu'est-ce qui est préférable : du chou-fleur gratiné mangé sereinement, en quantité raisonnable, ou des frites dévorées goulûment comme si elles étaient les dernières de sa vie? Dans la cuisine, comme partout ailleurs, la modération devrait être le mot d'ordre.

Évidemment, certains ont des problèmes de santé (diabète, artériosclérose, hypertension, par exemple) qui les obligent à prendre des médicaments. Ils peuvent essayer de voir si, avec l'approche antirégime, leur état de santé s'améliore. Si ce n'est pas le cas, ils doivent alors faire un pas de plus et faire des changements dans leur alimentation et dans leur style de vie de manière plus précise. En fait, de plus en plus d'études démontrent que le simple fait de manger en écoutant ses signaux de faim et de satiété peut améliorer la santé des personnes ayant un surplus de poids[8]. Il n'y a pas de raison d'avoir peur de la saveur dans le cadre d'une alimentation modérée et raisonnable.

Et lorsqu'on laisse tomber les interdits en ce qui a trait à la préparation des aliments, notamment, et qu'on se permet de mettre du beurre et du sel sur ses choux de Bruxelles, ou alors un peu de sirop d'érable sur ses petits fruits, la consommation d'aliments santé devient nettement plus alléchante.

La voie qui mène à un retour spontané et libre vers une alimentation remplie de bons fruits et légumes, de bons poissons et de toutes ces délicieuses choses santé que les professionnels de la santé recommandent passe par une libération du discours sur la santé et la minceur. On peut se permettre de l'huile d'olive, mais aussi du tamari et de la crème! De toute façon, lorsque l'on mange en écoutant sa faim et sa satiété, on en mange en quantités raisonnables[9].

Prôner l'abstinence de sucre et diaboliser le gras pour des raisons de santé, sans pour autant tenir compte du goût très humain des consommateurs pour les aliments savoureux, ne mène à rien. Pourquoi faire la morale aux cuisiniers qui osent frire les artichauts à la romaine? Pourquoi entend-on parfois des professionnels de la santé proposer de remplacer la mayonnaise par du fromage quark, alors qu'on sait que ce n'est jamais aussi délicieux?

Le discours sur la préparation « santé » des aliments (pas de beurre, pas de sel, pas de friture, pas de sucre, pas de miel...) n'est pas réaliste et ne permet pas aux aliments non transformés et naturels de faire leur place dans les menus quotidiens des gens qui ne sont pas déjà habitués à en manger.

En revanche, le discours omniprésent sur la lutte contre le gras et la vertu des produits faibles en gras peut pousser les consommateurs à faire des choix discutables du point de vue de la santé, mais qu'eux croiront défendables. On pense notamment à tous ces produits transformés (*chips*, biscuits, crème glacée, etc.), vendus en version « allégée » remplie d'additifs industriels, de faux sucres et d'autres ingrédients destinés à leur donner artificiellement du goût à la place du gras.

LE MOT DE

GUYLAINE

Je suis toujours surprise d'entendre à quel point les personnes qui mangent santé sont convaincues de faire la bonne chose et oublient complètement, par le fait même, l'importance du plaisir gustatif. Elles se refusent cela à elles-mêmes et l'acceptent comme étant normal. Lorsque je leur dis qu'elles peuvent manger ce qu'elles veulent, ces personnes abandonnent souvent complètement certains aliments « santé », que ce soit les galettes de riz ou les faux *chips* allégés. Dans le fond, elles n'aimaient tout simplement pas ces aliments, mais rationnellement, elles croyaient que c'était bon d'en manger. Et le pire, c'est que souvent elles en mangeaient pour apaiser leur faim, sans réaliser que l'absence de plaisir les poussait à vouloir manger autre chose encore. Et c'est ainsi qu'elles finissaient par aller au-delà de leur seuil de satiété...

La lutte tous azimuts contre le gras et la recherche d'autres options santé a aussi mené à la mauvaise réputation de certains aliments qui n'avaient pourtant rien à se reprocher.

Prenez le cas du yaourt. À force de toujours proposer le yaourt comme alternative à d'autres desserts réputés comme engraissants, un très grand nombre de gens en sont venus à croire que c'était nécessairement un dessert de régime. Si bien qu'il est aujourd'hui la cible des compagnies de transformation qui le préparent avec du lait écrémé, des succédanés de sucre et autres produits destinés à compenser les pertes en goût et en qualité de texture, occasionnées par la faible présence ou l'absence totale de gras. Mais sous cette forme, le yaourt est-il réellement savoureux? Peut-il vraiment faire concurrence aux desserts industriels très sucrés aux parfums artificiels?

Est-ce valable de chasser le gras comme la peste pour se retrouver avec des produits pleins d'amidon et trois fois trop sucrés?

En revanche, un yaourt fait avec du lait complet et une bonne cuillérée de miel aura les qualités pour satisfaire les plus gourmands. Et il contiendra tout le calcium et tous les bons nutriments naturels et sains qu'on attend de lui.

Bref, la guerre sans merci aux gras et aux sucres déclarée au nom de la santé peut avoir toutes sortes de conséquences perverses dont la diminution de la qualité de vie par une préoccupation excessive de la perte de poids et du découragement successivement vécu de l'échec[10].

- Ceux qui seront surpris, voire choqués, de la permissivité de cette approche, en comparaison avec les approches traditionnelles, doivent comprendre que manger santé n'est pas synonyme de minceur.
- On peut maigrir en mangeant santé, si on respecte sa faim et sa satiété.
- Pour perdre du poids en mangeant santé, il ne faut pas que l'alimentation santé crée des interdits et des frustrations contre-productives.
- Le réalisme et la modération sont très santé.
- Libre de toute contrainte minceur, on peut mieux apprécier les aliments santé.

Le sport et l'exercice physique

L'exercice ne fait pas maigrir à long terme. C'est une activité essentielle qui participe à la perte de poids et cela devrait faire partie de la routine de tout le monde, car une vie active est aussi bénéfique pour la santé que pour garder la forme et maintenir un bon tonus musculaire. Mais, contrairement à la croyance populaire, ce n'est pas un outil de première ligne sur lequel on peut compter pour faire fondre ses réserves de graisses à long terme. Et ce n'est certainement pas un outil pour brûler les excès de la veille.

Quand on fait de l'exercice, on augmente ses dépenses d'énergie. Et instinctivement, le corps s'ajuste à ce besoin accru de calories. En d'autres mots, lorsque l'on fait de l'exercice, le corps augmente la faim en fonction de ce dont il a besoin.

Ainsi, une personne qui mange systématiquement à sa faim mangera tout simplement davantage quand elle fait de l'exercice. C'est pourquoi les athlètes ont des faims de loup. Mais s'ils mangent beaucoup, ils ne mangent pas à s'en rendre malades ou inconfortables. Ils mangent habituellement la quantité de nourriture qui satisfait leur important appétit et leurs vastes besoins d'énergie.

Ce concept peut être difficile à comprendre et à accepter parce qu'on a peut-être déjà réussi à maigrir en faisant plus d'activité physique. Ou alors, on a vu des gens maigrir de cette façon.

Il est vrai qu'une personne qui a un surplus de poids – et qui mange donc au-delà de sa faim – verra son corps trouver un équilibre ou pourra même perdre du poids si l'exercice augmente suffisamment sa dépense énergétique. Il faut pour cela que la dépense d'énergie égale ou dépasse la quantité d'énergie ingurgitée chaque jour. Conséquemment, pour perdre du poids, la personne qui fait de l'exercice doit absolument manger la même chose qu'auparavant. Or, les gens qui font du sport ont tendance à penser qu'ils peuvent manger davantage.

Si l'objectif est de maigrir, l'exercice n'est pas le premier moteur du changement. Bouger est toutefois d'une importance fondamentale pour aider la perte de poids et pour toutes sortes d'autres bonnes raisons santé.

D'abord, en augmentant la masse musculaire, l'activité physique accélère le métabolisme, c'est-à-dire la dépense d'énergie de la machine qu'est le corps. Lorsque le corps développe des muscles, il doit les nourrir pour les conserver. C'est pour cette raison que la dépense énergétique augmente même si les muscles sont au repos. En d'autres mots, même au repos, le corps dépense plus d'énergie, ce qui est une bonne nouvelle, car on peut manger davantage sans prendre de poids, si on écoute sa faim et sa satiété.

L'exercice est aussi bénéfique du point de vue de la psychologie, car il remonte le moral, notamment grâce à la sécrétion d'endorphines. L'auteur du livre *Guérir*[11], le docteur David Servan-Schreiber, en a parlé abondamment.

Il faut cependant être réaliste et reconnaître qu'entre regarder un bon film à la télé et aller pratiquer un sport qui ne nous plaît pas, le film est nettement plus tentant! On doit donc prendre le temps de déterminer les activités physiques qui nous plaisent réellement et qui s'intègrent facilement à notre quotidien.

Après avoir arrêté notre choix, on évalue les principaux facteurs entourant la pratique de l'activité retenue. L'accès est-il facile, que ce soit à partir de la maison ou du travail? Et l'horaire des entraînements ou les heures du cours conviennent-ils, surtout si on a une famille? Est-ce trop cher? Trop difficile? Si la pratique d'un sport n'est pas conviviale, il est peu probable que la motivation suivra à long terme.

Par ailleurs, il est extrêmement important d'être honnête envers soi-même et de se demander : vais-je vraiment être capable de pratiquer cette activité et est-ce que j'aime vraiment ça? On ne doit pas choisir un sport parce que c'est *cool*, parce que « les voisins en font » ou parce que son conjoint trouve que ça serait vraiment une bonne idée. Il faut que ça soit réellement plaisant et que la pratique de ce sport de façon régulière soit réaliste.

Le sport qui fait bouger doit être une vraie source de plaisir. Pour trop de gens, le sport est un prolongement des heures de travail, rempli d'obligations, de compétition stressante et d'obstacles à surmonter. Est-il alors surprenant qu'après quelques mois l'entrain diminue et que la motivation se retrouve au point mort?

En revanche, lorsque l'on s'implique dans un sport qui nous plaît réellement, il peut nous apporter une satisfaction qui nous manque au quotidien.

Au-delà du simple plaisir que procure une marche en forêt ou un tour de vélo, le sport nous fournit un cadre où on peut s'accomplir. Lorsqu'on se surpasse soi-même à la course ou qu'on se rend compte qu'on n'est pas mauvais du tout au tennis, on se trouve formidable. Et ceci est un facteur non négligeable dans le processus de perte de poids et de bonheur en général!

On ne peut passer sous silence que l'activité physique, lorsqu'elle est pratiquée de façon sécuritaire, est bonne pour la santé, point. C'est bon pour le cœur et les artères, pour la flexibilité (et la prévention des blessures du quotidien), pour la solidité des os et pour une foule d'autres choses.

EN RÉSUMÉ

- Chercher à perdre du poids est en soi une démarche santé.

- Les « aliments santé » peuvent faire grossir s'ils sont mangés en trop grande quantité, au mauvais moment.

- Il est faux de croire que la levée des interdits pousse automatiquement les gens vers la malbouffe et autres aliments considérés mauvais pour la santé.

- Il est mieux de manger, en en profitant bien, une petite quantité d'aliments considérés « mauvais pour la santé » que d'en engloutir une quantité démesurée, sans savourer, au milieu d'une crise de manque provoquée par un régime trop contraignant.

- Faire de l'activité physique est excellent pour la santé et c'est utile pour la perte de poids. Mais pour faire disparaître les kilos à long terme, ce n'est pas suffisant.

Lesley Chesterman
La réconciliation d'une gourmande

À l'approche de la vingtaine, Lesley Chesterman était loin de s'imaginer qu'un jour elle gagnerait sa vie à manger. Grande et très mince, la jeune Lesley rêvait plutôt d'une carrière en ballet, avec toutes les privations alimentaires que cela peut supposer. Imaginez. Elle qui, durant son enfance, avait toujours tout dévoré.

Aujourd'hui, celle qui écrit les critiques de restaurants chics dans le quotidien montréalais *The Gazette*, est revenue sur sa planète gourmande. Mère de deux jeunes garçons, toujours grande et toujours mince, elle est mariée avec un chef et écrit non seulement sur les restaurants, mais aussi sur les nouveaux produits disponibles sur le marché, les nouveaux livres de cuisine, les

outils. Elle doit lire sur la nourriture, tester des recettes… Bref, manger est au centre de sa vie professionnelle et personnelle. Et c'est sans parler de ses études à l'Institut de tourisme et d'hôtellerie du Québec et de ses années en pâtisserie avant de se lancer dans l'écriture. Le moins qu'on puisse dire, c'est que la nourriture est de nouveau sa grande amie.

« Manger est redevenu pour moi un grand plaisir mais je ne peux manger que des choses qui sont bonnes et qui me plaisent. Je ne compte pas les calories. Je n'ai pas de pèse-personne à la maison. Me priver de choses que j'adore serait une chose impossible. » Cette satisfaction, croit-elle, est à la base du réapprentissage d'une alimentation modérée. « Quand c'est bon, je mange. Mais quand ce n'est pas bon, il n'y a rien à faire, je ne mange pas. »

Lesley garde en elle quelques inquiétudes de ses années de privation et il serait faux de dire qu'elle n'a plus jamais peur de craquer et de trop manger, comme le font ceux qui n'en peuvent plus de s'être privés trop longtemps.

Mais de façon générale, la quête du goût la réconforte. « C'est sûr qu'après une cuillérée de vacherin t'en as assez, alors qu'on ne peut pas être satisfait, même après 15 tranches de fromage

Kraft. Et un fondant au chocolat sera toujours meilleur qu'un pot complet de mauvaise crème glacée! Il faut se concentrer sur le goût. Pas se remplir. »

Afin d'avoir amplement de place pour manger au souper, quand ses enfants et son mari sont avec elle, Lesley a tendance à prendre une collation en avant-midi mais à ensuite manger très peu ou carrément rien du tout pour le lunch, une habitude qu'elle cherche à corriger. « Parce que rendu à 16 h, j'ai vraiment, vraiment faim. » Et comme bien des gens, elle n'écoute pas toujours parfaitement son signal de faim et mange par ennui ou parce que dans certaines circonstances, cela fait partie d'un rituel : « Mais de façon générale, je mange quand j'ai faim et je sais exactement ce que je veux manger et je mange ce que je veux. » Et pas seulement du bout des lèvres : « Quand je mange, je veux atteindre la plénitude. Avoir une vraie dose de plaisir. »

Conclusion

De plus en plus de chercheurs s'entendent pour dire que l'épidémie d'obésité qui sévit est un problème d'adaptation de l'humain à son environnement. Alors qu'il a été capable de s'adapter pour faire face aux famines et aux sécheresses, et qu'il a trouvé le moyen de vivre dans le désert du Kalahari ou dans les hauteurs de l'Himalaya, l'humain n'arrive pas, cette fois-ci, à s'adapter à l'abondance de nourriture qui l'entoure et à la faible intensité de l'effort physique qui lui est demandé pour pourvoir à ses besoins.

Les changements dans la disponibilité de nourriture ont été tellement rapides qu'en deux générations, la population est passée de l'état de disette à l'abondance. Habituellement, les changements dans la nature s'effectuent sur plusieurs générations, ce qui donne la chance à l'humain de s'adapter. Cette fois, les humains ont été pris de court par l'amélioration de leur situation et l'industrialisation de la chaîne alimentaire.

L'approche qui a été expliquée dans ce livre vise à aider l'humain à s'adapter aux circonstances actuelles.

Elle ne lui dit pas de nier sa nature. Après tout, l'humain aime manger de bonnes choses pleines de calories.

Elle ne lui dit pas de renier ses accomplissements et de faire semblant que la nourriture n'est pas à sa portée, continuellement.

Elle fournit des repères pour l'aider à manger selon ses réels besoins physiques et sensoriels, dans cet univers de facilité et d'abondance.

Les régimes amaigrissants hypocaloriques sont autant contre nature que les excès de nourriture. Les régimes miracles sont aussi néfastes que la malbouffe en hyperportion. Car ni les uns ni les autres ne tiennent compte des besoins concrets du corps pour fonctionner.

Dans notre quête de solutions instantanées, nous avons cru que manger systématiquement moins de calories, de manière objective et contrôlée, nous aiderait à brûler nos réserves de gras. C'était sans compter sur la faculté d'adaptation spectaculaire de notre corps. Pris malgré lui dans un vaste malentendu, pensant bien faire devant cette baisse de ressources, le corps humain s'est en effet empressé de trouver des façons d'empêcher ses réserves de fondre.

Et depuis, plus on lui dit de maigrir, plus il comprend qu'il faut engraisser.

Cette tentative de structurer artificiellement notre relation avec la nourriture a eu, en outre, un effet secondaire. Privés de nourriture de façon arbitraire, nous avons commencé à la désirer pour les mauvaises raisons. De nourricière, la nourriture est devenue une béquille émotive à double tranchant. D'un côté, c'est notre calmant; de l'autre, la source d'une bonne partie de nos angoisses.

Devons-nous nous étonner, dans ce contexte, de ne pas manger exactement ce qu'il faudrait?

L'heure est venue de faire marche arrière et de rebrancher notre alimentation sur notre instinct. Notre corps doit réapprendre à nous faire confiance et cesser de nous protéger contre nous-mêmes.

Notre peur de la nourriture et notre peur de la réaction de notre propre corps devant la nourriture dépassent actuellement les bornes. Entre les faux gras qui nous tordent les entrailles et le brochage de l'estomac, il y a quelque chose qui ne va pas. Alors, essayons de comprendre pourquoi, malgré le fait que nous ayons un cerveau très développé, nous agissons de façon excessive et autodestructrice devant la nourriture. Prenons le temps de nous regarder dans le miroir, plutôt que de blâmer cette nourriture qui nous permet de vivre.

Il est temps de nous pencher sur les problèmes qui nous amènent à manger. Non pas sur ce que nous mangeons.

Certaines personnes qui consultent une nutritionniste pour perdre du poids avouent qu'elles craignent tellement que la nourriture les fasse grossir qu'elles rêvent du jour où l'on pourra prendre une pilule au lieu de manger.

Nous, nous rêvons du jour où nous cesserons d'avoir peur des aliments.

Et nous espérons que ce livre vous aidera à aller dans cette direction. Après tout, qui voudrait se nourrir d'une pilule quand on peut faire une pause pour savourer un *brownie* triple chocolat avec un verre de lait ou un braisé d'agneau qui a cuit doucement toute la journée, par un dimanche d'automne frais et coloré?

Par ce livre, nous vous avons proposé une façon de vous libérer de vos kilos en trop. Mais notre objectif premier est de vous libérer de vos contraintes, celles qui vous privent d'un élément important du bonheur : le plaisir de manger ce que vous aimez, sereinement.

Remerciements de Guylaine

Merci à Frédéric pour ton appui inconditionnel et merci de croire autant que moi en cette approche inhabituelle. Tes encouragements et tes commentaires m'ont été très précieux. Merci aussi à Marc, qui croit en moi depuis le début de ma carrière et qui m'a toujours encouragée à aller jusqu'au bout de mes rêves.

Merci à Magali Lupien d'avoir accepté si généreusement de prendre le temps de nous faire part de ses commentaires si justes et si constructifs.

Merci à Marie-Claude de m'avoir offert cette occasion de transmettre cette approche d'une si belle façon. Merci pour la justesse de tes propos et de ta pensée, tes idées innovatrices et ta superbe écriture.

Merci à Lorraine Langlois, Tuyet Vuong et Marijo Binette de m'avoir écoutée patiemment et d'avoir posé les bonnes questions pour pousser toujours plus loin mon raisonnement.

Merci à Isabelle Thibault, au Dr Victor Bardagi et au Dr Michel Saine de m'avoir laissé la liberté de déserter vos bureaux pour me retirer en toute tranquillité afin de travailler sur ce projet. Votre appui me touche.

Merci à Lyne Mongeau, mon inspiration professionnelle, d'avoir accepté de participer au travail de révision du manuscrit. Merci au D^{re} Tracy Tylka et au professeur Joanne Ideka d'avoir généreusement partagé leurs connaissances et aiguillé mes recherches.

Merci à tous mes clients qui ont accepté de partager, sans aucune hésitation et de manière si généreuse, leur expérience.

Remerciements de Marie-Claude

Merci à tous ceux qui nous ont appuyées, aidées, encouragées au cours de la rédaction de cet ouvrage. Et ils sont nombreux. Merci tout de suite à tous ceux que je vais oublier.

Merci notamment à toute l'équipe d'*Actuel* et aux collègues de *La Presse* qui m'ont encouragée et écoutée avec tant de patience. Merci plus particulièrement à Agnès Gruda, Katia Gagnon, Suzanne Colpron, Marie-Christine Blais, Johanne Lafleur et Benoît Giguère, pour leurs commentaires constructifs et si utiles. Merci à Michèle Ouimet et à Sophie Ouimet-Lamothe, sans qui ce livre n'existerait pas.

Merci à la direction de *La Presse* de m'avoir laissée, sans hésiter, prendre le temps nécessaire pour écrire ce livre. Merci à André Provencher de nous avoir fait confiance et d'avoir donné le feu vert au projet si rapidement. Merci à l'équipe des communications et des Éditions La Presse pour leur enthousiasme instantané devant cette idée. Merci à Nadia Gagnier pour son aide précieuse.

Merci à Guylaine, pour sa sagesse et son bon sens si intelligent, évidemment, mais aussi pour son énergie, sa générosité et sa patience.

Merci à Luz Garque, sans qui j'aurais perdu la raison depuis longtemps.

Merci à Martine Létourneau, dont les commentaires et les encouragements, si justes, n'auraient pu arriver plus à point.

Merci à mon père, Alain Lortie, pour son aide professionnelle notamment et à ma mère Lyse Richer, pour ses questions, son écoute et son appui indéfectible.

Merci à Monique Lussier (et à Charles, dont je m'ennuie tant). C'est dans votre cuisine que tout a commencé.

Merci à Juliette, Léon et Alice, les gourmands instinctifs les plus extraordinaires que je connaisse. Et merci à Patrice, mon mince naturel préféré.

Bibliographie

CHAPITRE UN
Vive l'appétit libre !

1. Le gras est mis en réserve dans les cellules appelées adipocytes. À l'âge adulte le nombre est fixe à environ 25 milliards et l'augmentation de la masse adipeuse se fait généralement par augmentation de la taille des adipocytes. Plus leur taille augmente plus il peut être difficile de la diminuer ce qui souvent le cas dans les diètes yo-yo. Il y a 3 moments dans la vie ou le nombre génétiquement prédéterminé d'adipocytes peut augmenter. Pendant la période du nourrisson, à l'adolescence et au troisième trimestre de la grossesse.

2. ZERMATI, Jean-Philippe. *Maigrir sans régime*, Paris, Odile Jacob, 2002, 416 pages

3. APFELDORFER, Gérard et Jean-Philippe ZERMATI. *Dictature des régimes attention!*, Paris, Odile Jacob, 2006, 340 pages

4. PREIDT, Robert. « Many americans fed up with fad diets » *HealthDay News*, 27 septembre, 2006

5. TRIBOLE, Evelyn, Elyse RESCH. Intuitive eating: *a revolutionary program that works*, New York, St Martin's Griffin, 2003, 214 pages

6. FISCHLER, Claude, Kimberly KABNICK, Erin PETE, Paul ROZIN and Christy SHIELDS. « THE ECOLOGY OF EATING: smaller portion sizes in France than in the United States help explain the french paradox » American Psychological Society, vol. 14(5), septembre 2003

7. HAWKS, Steven, Hala MADANAT, Jaylyn HAWKS, and Ashley HARRIS. « The relationship between intuitive eating and health indicators among college women », *American Journal of Health and Education*, novembre-décembre 2005

CHAPITRE DEUX
Ces régimes qui font grossir

1. STUNKARD, A.J., M. MCLAREN-HUME. « The results of treatment for obesity », *Archive of Internal Medecine*, 103, 1959, p. 79-85

2. GOODRICK, G.K., J.P. FOREY. « Why treatments for obesity don't last » *J. Am. Diet. Assoc.*, 91 (10), 1991, p. 1243-7

3. BAUMAN, Valerie. *The Associate Press*, Lifestyles, Thursday, August 11, 2005

4. GAST, J., S. HAWKS. « Weight Loss Management: A Path Lit Darkly » *Health Education & Behavior*, 25 (3), 1998, p. 371-382

5. KAPRIO, J., M. KOSKENVUO, A. RISSANEN, S.E. SAARNI, S. SARNA. « Weight cycling of athletes and subsequent weight gain in middleage », *Int J Obes (Lond).*, 28 mars 2006

6. COLDITZ, G.A., A.E. FIELD, J.E. MANSON, C.B. TAYLOR, W.C. WILLETT. « Association of weight change, weith control practices, and weight cycling among women in the Nuses'Health Study II ». *Int J Obes Relat Metab Disord.*, 28(9), 2004 Sep, p. 1134-42

7. COLEMAN, J., CP. HERMAN, J. POLIVY. « The effect of deprivation on food cravings and eating behavior in restrained and unrestrained eaters », *Int J Eat Disord.*, 38(4), 2005 Dec, p. 301-9

8. FEDOROFF, I., CP. HERMAN, J. POLIVY. « The specificity of restrained versus unrestrained eaters' responses to food cues: general desire to eat, or craving for the cued food? », *Appetite*, 41(1), 2003 Aug, p. 7-13

9. OUWENS, M.A., C.P. VAN DER STAAK, T. VAN STRIEN. « Tendency toward overeating and restraint as predictors of food consumption », *Appetite*, 40(3), juin 2003, p. 291-8

10. HERMAN, C.P., D. URBSZAT, J. POLIVY. « Eat, drink, and be merry, for tomorrow we diet: effects of anticipated deprivation on food intake in restrained and unrestrained eaters », *J Abnorm Psychol*, 111(2), 2002 May, p. 396-401

11. BROECKMANN, P., AK. MUNCH, V. PUDEL, J. WESTENHOEFER. « Cognitive control of eating behaviour and the disinhibition effect », *Appetite*, 23(1), août 1994, p. 27-41

12. FEHM, H.L., W. KERN, A. PETERS. « The selfish brain: competition for energy resources », *Prog Brain Res.*, 153, 2006, p. 129-40

13. HERMAN, C.P., T. MCFARLANE, J. POLIVY. « Effects of false weight feedback on mood, self-evaluation, and food intake in restrained and unrestrained eaters », *J Abnorm Psychol.*, 107(2), mai 1998, p. 312-8

14. HERMAN, C.P., POLIVY J, TROTTIER K. « Effects of exposure to unrealistic promises about dieting: are unrealistic expectations about dieting inspirational ? » *Int J Eat Disord.*, 37(2), mars 2005, p. 142-9

15. ROGERS, P.J., H.J SMIT. « Food craving and food "addiction": a critical review of the evidence from a biopsychosocial perspective », *Pharmacol Biochem Behav.*, 66(1), Mai 2000, p. 3-14

CHAPITRE TROIS
Le festival de l'interdit

1. HERMAN, C.P., J. POLIVY. « Normative influences on food intake », *Physiol Behav.*, 86(5), 15 décembre 2005, p. 762-72

2. LOWE, M.R. « Restrained eating and dieting: replication of their divergent effects on regulation » *Appetite*, 25(2), 1995 Oct, p. 115-8

3. COSTANZO, PHILIP R., ERIK Z. WOODY, « The effects of taste and caloric perceptions on the eating behavior of restrained and unrestrained subjects » *Cognitive Therapy and Research*, Volume 5(4), December 1981, p. 381-90

4. HILL, A.J., P.J. ROGERS. « Breakdown of dietary restraint following mere exposure to food stimuli: interrelationships between restraint, hunger, salivation, and food intake », *Addict Behav.*, 14(4), 1989, p. 387-97

5. MELA, D.J. « Determinants of food choice: relationships with obesity and weight control », *Obes Res.*, 9 Suppl 4, novembre 2001, p. 249S-255S

6. DYKMAN, B.M., D.S. KIRSCHENBAUM. « Disinhibited eating by resourceful restrained eaters », *J Abnorm Psychol.*, 100(2), mai 1991, p. 227-30

7. LOWE, M.R., « Putting restrained and unrestrained nondieters on short-term diets: effects on eating », *Addict Behav.*, 19(4), juillet-août 1994, p. 349-56

8. COLEMAN, J., C.P. HERMAN, J. POLIVY. « The effect of deprivation on food cravings and eating behavior in restrained and unrestrained eaters », *Int J Eat Disord.*, 38(4), décembre 2005, p. 301-9

9. STIRLING, L.J., M.R. YEOMANS. « Effect of exposure to a forbidden food on eating in restrained and unrestrained women », *Int J Eat Disord.*, 35(1), janvier 2004, p. 68

10. COELHO, J.S., C.P. HERMAN, J. POLIVY. « Selective carbohydrate or protein restriction: Effects on subsequent food intake and cravings » Appetite., 2006 Jul 14

11. STIRLING, L.J., M.R. YEOMANS. « Effect of exposure to a forbidden food on eating in restrained and women » *Int J Eat Disord.*, 35(1), 2004 Jan, p. 59-68

12. HERMAN, C.P., D. URBSZAT, J. POLIVY. « Eat, drink, and be merry, for tomorrow we diet: effects of anticipated deprivation on food intake in restrained and unrestrained eaters », *J Abnorm Psychol*, 111(2), mai 2002, p. 396-401

13. HETHERINGTON, M.M., J.I. MACDIARMID. « Mood modulation by food: an exploration of affect and cravings in "chocolate addicts" », *Br J Clin Psychol.*, 34 (Pt 1), février 1995, p. 129-38

14. KARHUNEN, L.J., J.T. KUIKKA, R.I. LAPPALAINEN, J. TIIHONEN, M.I. UUSITUPA, E.J. VANNINEN. « Regional cerebral blood flow during exposure to food in obese binge eating women », *Psychiatry Res.*, 99(1), 10 juillet 2000 p. 29-42

CHAPITRE QUATRE
Avez-vous faim ?

1. UKKOLA, O. « Peripheral regulation of food intake: new insights », *J Endocrinol Invest.*, 27(1), janvier 2004, p. 96-8

2. FEHM, H.L., W. KERN , A. PETERS. « The selfish brain: competition for energy resources », *Prog Brain Res.*, 153, 2006, p. 129-40

3. JEQUIER, E., L. TAPPY. « Regulation of body weight in humans », *Physiol Rev.*, 79(2), avril 1999, p. 451-80

4. VAN DIJK, G. « The role of leptin in the regulation of energy balance and adiposity », *J Neuroendocrino.*, 13(10), octobre 2001, p. 913-21

5. BOISCLAIR, Y.R., K.L. INGVARTSEN. « Leptin and the regulation of food intake, energy homeostasis and immunity with special focus on periparturient ruminants », *Domest Anim Endocrinol.*, 21(4), novembre 2001, p. 215-50

6. BRAY, G.A., D.A. YORK. « The MONA LISA hypothesis in the time of leptin », *Recent Prog Horm Res.*, 53, 1998, p.95-117; discussion p. 117-8

7. HAVEL, P.J., « Role of adipose tissue in body-weight regulation: mechanisms regulating leptin production and energy balance », *Proc Nutr Soc.*, 59(3), août 2000, p. 359-71

8. BRAY, G.A., « Afferent signals regulating food intake », *Proc Nutr Soc.*, 59(3), août 2000, p. 373-84

9. JEQUIER, E., « Leptin signaling, adiposity, and energy balance », *Ann N Y Acad Sci.*, 967, juin 2002, p. 379-88

10. FISCHLER, Claude, Kimberly KABNICK, Erin PETE, Paul ROZIN and Christy SHIELDS. « THE ECOLOGY OF EATING: Smaller Portion Sizes in France Than in the United States Help Explain the French Paradox » *American Psychological Society*, vol. 14(5), septembre 2003

11. BORDI, P.L., M.T. CONKLIN, N. DILIBERTI, L.S. ROE, B.J. ROLLS. « Increased portion size leads to increased energy intake in a restaurant meal », *Obes Res.*, 12(3), mars 2004, p. 562-8

12. ROLLS, B.J., E.T. ROLLS, P.M. VAN DUIJVENVOORDE. « Pleasantness changes and food intake in a varied four-course meal », *Appetite*, 5(4), décembre 1984, p. 337-48

13. COSTANZO, PHILIP R., ERIK Z. WOODY. « The effects of taste and caloric perceptions on the eating behavior of restrained and unrestrained subjects », *Cognitive Therapy and Research*, Volume 5(4), December 1981, p. 381-90

14. JOHNSON, J., Z. VICKERS. « Factors influencing sensory-specific satiety », *Appetite*, 19(1), août 1992, p. 15-31

15. HERMAN, C.P., J. POLIVY, I.C. FEDOROFF. « The effect of pre-exposure to food cues on the eating behavior of restrained and unrestrained eaters », *Appetite*, 28(1), février 1997, p. 33-47

16. EPSTEIN, L.H., S.L. MITCHELL. « Changes in taste and satiety in dietary-restrained women following stress », *Physiol Behav.*, 60(2), août 1996, p. 495-9

17. JOHNSON, J., Z. VICKERS. « Factors influencing sensory-specific satiety », *Appetite*, 19(1), août 1992, p. 15-31

18. YEOMANS, M.R., « Effets of alcool on food and energy intake in human subjects: evidence for passive and active overconsumption of energy », *Br. J. Nutr.*, 92 Suppl 1,août 2004, S31-4

CHAPITRE SIX
Dépannage

1. BORDI, P.L., M.T. CONKLIN, N. DILIBERTI, L.S. ROE et B.J. ROLLS. « Increased Portion Size Leads to Increased Energy Intake in a Restaurant Meal », *Obes Res*, 12 (3), mars 2004, p. 562-8

CHAPITRE SEPT
Bedaine de la quarantaine et autres cas

1. ANDRESEN, G., L.L. BIRCH, S.L. JOHNSON, J.C. PETERS, M.C. SCHULTE. « The variability of young children's energy intake », *N Engl J Med.*, 324(4), 24 janvier 1991, p. 232-5

2. BIRCH, L.L., K.K. DAVISON, J.O. FISHER. « Learning to overeat: maternal use of restrictive feeding practices promotes girls' eating in the absence of hunger », *Am J Clin Nutr.*, 78(2), août 2003, p. 215-20

3. BURROWS, A., M. COOPER. « Possible risk factors in the development of eating disorders in overweight pre-adolescent girls », *Int J Obes Relat Metab Disord.*, 26(9), septembre 2002, p. 1268-73

4. IKEDA, J.P., P. LYONS, R.A. MITCHELL, F. SCHWARTZMAN. « Self-reported dieting experiences of women with body mass indexes of 30 or more », *J Am Diet Assoc.*, 104(6), juin 2004, p. 972-4

5. WILSON, D.B., J.W. WHITE, M.L. WOLRAICH. « The effect of sugar on behavior or cognition in children A meta-analysis », *JAMA*, 275(10), 13 mars 1996, p. 756-7

6. LORTIE, Marie-Claude, « Jardin d'enfants », *La Presse*, Actuel, samedi 12 mars 2005, p. B1

7. IKEDA, J.P., P. LYONS,R.A. MITCHELL, F. SCHWARTZMAN, « Self-reported dieting experiences of women with body mass indexes of 30 or more », *J Am Diet Assoc.*, 104(6), juin 2004, p. 972-4

8. TYLKA Tracy, « Development and psychometric evaluation of a mesure of intuitive eating », Journal of Counseling Psychology, 53(2), 2006, p. 226-40

9. BATTISTINI, N.C., M. DUGONI, M. MALAVOLTI, A. PIETROBELLI, M. POLI, « Healthy status and energy balance in pediatrics », *Acta Biomed Ateneo Parmense*, 77 Suppl 1, 2006, p. 7-13

10. BLAIS, Marie-Christine, « Bienvenue en Adonésie 1 : Manger cool, Les adolescents et la nourriture, Laissez-les manger! », *La Presse* Actuel, vendredi 10 mars 2006, p. ACTUEL2

11. KAPRIO, J., A. RISSANEN, S.E. SAARNI, S. SARLIO-LAHTEENKORVA, K. SILVENTOINEN. « Intentional weight loss and smoking in young adults », *Int J Obes Relat Metab Disord.*, 28(6), juin 2004, p. 796-802

12. KALARCHIAN, M.A., M.D. LEVINE, M.D. MARCUS, L. QIN, L. WEISSFELD. « Weight Concerns Affect Motivation to Remain Abstinent from Smoking Postpartum » *Ann Behav Med.*, 32)2), Octobre 2006 p. 147-53

13. MITCHELL, S.L., K.A. PERKINS. « Interaction of stress, smoking, and dietary restraint in women », *Physiol Behav.*, 64(1), avril 1998, p. 103-9

14. BELLINGER, L., S.C. LANGLEY-EVAN, C. LILLEY. « Prenal exposure to maternal low-protein diet programmes a preference for hight-fat foods is the young adult rat », *Br J Nutr.*, 92(3), septembre 2004, p. 513-20

15. DE ROOIJ, S., R. PAINTER, T. ROSEBOOM. « The Dutch famine and its long-term consequences for adult health », *Early Hum Dev.*, 82(8), août 2006, p. 485-91

16. KAHN, Jeffery. « Middle-Age Weight Gain: Men Unlikely To Outrun It », *Berkley Lab*, April 1997

17. North American Menopause Society, www.menopause.org

CHAPITRE HUIT
Et la santé dans tout ça ?

1. TYLKA, Tracy. « Development and psychometric evaluation of a mesure of intuitive eating », Journal of Counseling Psychology, 53(2), 2006, p. 226-40

2. BÉRUBÉ, Stéphanie. « Les carottes sont cuites », *La Presse*, 2 juin 2006 données de STATISTIQUE CANADA

3. BRATMAN, Steven, David KNIGHT. « Health Food Junkies: Orthorexia Nervosa: Overcoming the Obsession with Healthful Eating », 2003

4. KERN, P.A., B. MOLAVI, N. RASOULI. « The prevention and treatment of metabolic syndrome and high-risk obesity », *Curr Opin Cardiol.*, 21(5), septembre 2006, p. 479-85

5. HARVIE, M., A. HOWELL, R.A. VIERKANT. « Association of gain loss of weight before and after menopause with risk of postmenopausal breast cancer in the Iowa women's health study », *Cancer Epidemiol Biomarkers Prev.*, 14(3), mars 2005, p. 656-61

6. SHAPER, A.G., S.G. WANNAMETHEE. « Weight change and duration of overweight and obesity in the incidence of type 2 diabetes », *Diabetes Care*, 22(8), août 1999, p. 1266-72

7. BARON, J.A., K.M. EGAN, P.A. NEWCOMB, M. STAMPFER, B.E. STORER, L. TITUS-ERNSTOFF, A. TRENTHAM-DIETZ, W.C. WILLETT. « Weight change and risk of postmenopausal breast cancer (United States) », Cancer Causes Control. » 2000 Jul; 11(6) : p. 533-42

8. BACON, L., N.L. KEIM, J.S. STERN, M.D. VAN LOAN. « Size acceptance and intuitive eating improve health for obese, female chronic dieters », *J Am Diet Assoc.*, 105(6), juin 2005, p. 929-36

9. JOHNSON, J., Z. VICKERS. « Effects of flavor and macronutrient of food servings on liking, hunger and subsequent intake » *Appetite*, 21(1), août 1993, p. 25-39

10. HERMAN, C.P., J. POLIVY. « Mental health and eating behaviours: a bi-directional relation », *Can J Public Health.*, 96, juillet-août 2005, Suppl. 3 S43-6, S49-53

11. SERVAN-SCHREIBER, David. « Guérir », Robert Laffont, Paris, 2003, 336 pages